Gisbert Haefs · Freudige Ereignisse

GISBERT HAEFS

Freudige Ereignisse

GESCHICHTEN

HAFFMANS VERLAG

Umschlagbild von
Nikolaus Heidelbach

1. – 6. Tausend, Frühling 1990

Satz: Jung SatzCentrum, Lahnau
Herstellung: Ueberreuter, Korneuburg
ISBN 3 251 00156 6

Inhalt

»*Ein freudiges Ereignis*«

»Es gibt viele magische Verfahren dieser Art; die meisten sind sprachlich. Manche Leute sagen von sich, sie seien progressiv, und wenn sie es oft genug sagen, glauben sie es auch. Andere okkulte Wörter sind etwa ›Fußball‹ oder ›Demokratie‹ oder ›Dialektischer Materialismus‹, die allesamt, rituell wiederholt, dumpfe Glücksgefühle erzeugen.«

Baltasar Matzbach

Es war kurz nach Mitternacht, an einem feuchten Maiabend. Im dritten Programm lief ein feiner Horrorfilm, mit Zombies und Sauriern und einer Hexe, die warzige Kröten auswrang, um Suppe zu kochen. Ich wunderte mich, daß der Apparat es aushielt, aber da ich nicht weiß, wie die Dinger funktionieren, blieb es fruchtloses Wundern. Die Filmkulisse war teils pastorales 18. Jahrhundert, teils futuristischer Industriekomplex, und allenthalben wuselten Dämonen. Ich fühlte mich heimisch; damals lebte ich in einem modernen Bauerndorf am Rhein, zwischen Bonn und Köln. Bei gutem Wetter war jenseits des Kappes die Petrochemie von Wesseling zu sehen – auszuhalten nur für Zuschauer, nicht für Mitwirkende. Auch sonst erschien mir der Film überaus realistisch; die Hexe ähnelte einem Bonner Minister und sprach wie er in unverständlichen Formeln. Ihr Gegenspieler, eine Art Chemiedämon, antwortete auf Abrakadabra »H_2SO_4« oder so; er schien zu gewinnen. Es erinnerte mich an eine Story von Robert Sheckley, in der ein konventioneller Geist und der Buchhalter-Dämon um die Seele eines Jungen ringen. Der Buchhalter gewann. Ich glaube, er war blaß und geduckt, aber Buchhaltung ist nicht mein Fach.

In das Gekreisch der Hexe drang ein anderes schrilles Geräusch. Es dauerte einige Sekunden, bis ich begriff, daß es das magische Ferngehör war.

»Hier ich. Wer dort?«

Die Stimme aus der Welt gehörte einem Arzt, den ich flüchtig kannte.

»Robert. Stör ich dich?«

»Ja. Ich beschaue die Wirklichkeit. – Was verschafft mir das Vergnügen?«

»Ich hab ein Attentat auf dich vor.«

»Moment, ich stell den Apparat leiser. – Was gibt's?«

Es handelte sich um gemeinsame Bekannte aus den Wilden Jahren in Bonn – abgebrochener Student, Lehrerin, Sekretärin, Landwirt (dipl. ing. agr.). Ich hatte länger nichts von ihnen gehört. Zu viert waren sie vor einiger Zeit aufs Land gezogen, hatten in der nördlichen Voreifel einen alten Bauernhof übernommen und sich mittels Zugtieren und Naturdung aus der Gegenwart gestohlen. Nun kriegte die Lehrerin ein Kind; der Gemahl, Wolfgang, hatte Robert soeben angerufen. Ich starrte auf den stummen Horrorfilm, dachte an magische Abwehrformeln in Marions Mund (»in diese böse Welt kann man keine Kinder setzen ...«) und fragte mich, was Robert wollte.

»Tja, und jetzt wollen sie, dem Gesetze genügend, neben der antiken Hebamme doch einen richtigen Arzt dabeihaben.«

»Wie kommen sie da auf dich?«

»Bah. Also, die rufen an, wenn's ernst wird. Marion hat regelmäßige Vorwehen; wahrscheinlich geht's im Morgengrauen los.«

»Und was hab ich damit zu tun?«

Es war ganz einfach. Robert hatte seinen Krankenhausdienst tauschen können, aber sein Wagen war zur Reparatur, wegen eines mysteriösen Leidens. Und Robert wähnte unter der Formel »Freiberufler« einen, der sich eben jederzeit Zeit machen kann. Ob er mit einem Taxi zu mir fahren dürfe, wenn es losgehe, um sich dann von mir in die Eifel chauffieren zu lassen?

Um fünf riß mich sein nächster Anruf aus dem Schlaf. Ich entschied mich gegen Rasur und braute einen wuchtigen Kaffee. In dieser Gegend ist das ein schwieriges Verfahren. Das Trinkwasser wird neben den Industrieanlagen aus dem Rhein geschöpft und in Hexentöpfchen mit Chlor versetzt, und wenn man außer Chlor noch Arabica schmecken will, muß das Wasser zuerst einmal durch einen Spezialfilter. Ich war bei der ersten Zigarette, als ein Diesel vorfuhr.

Robert verstaute seine Tasche auf dem Rücksitz meiner alten Karre aus Japanesien und schnallte sich an. Er gähnte und musterte mich von der Seite, zerknautscht und abgründig unbrauchbar; die Segelohren mußten der Griff zum Wegwerfen sein.

»Ausgesucht feines Wetter, was?«

Ich trommelte auf das Armaturenbrett, murmelte eine Beschwörung, zog den Choke und zündete – er sprang an. »Nicht jeder Infant«, sagte ich müde, »kann sich Sterne und zauberische Monarchen an die Krippe winken.«

Theoretisch sollte es hell werden. Die schwarze Magie der Nacht war befallen von Räude oder weißer Lepra. Dicker Morgennebel lag zach über den Feldwegen. Der schwache Nordwind barg mysterische Düfte der Großanlagen von Godorf und Wesseling. Ich schaltete das Gebläse auf *Recycle*.

»Komische Gegend; vor allem, wenn man nix sieht. Wozu gehört das eigentlich?«

Robert war noch nie bei mir draußen gewesen. Ich setzte ihm auseinander, in welcher Weise durch die Zauberformel »Gebietsreform« das Chaos über die Welt gekommen war.

Widdig liegt zwischen Bonn und Köln, war dem Rhein-Sieg-Kreis zugeschlagen worden, mit der Metropole Siegburg weit jenseits des Rheins. Die öffentlichen Verkehrsmittel kommen aus Bonn und Köln, Telefonvorwahl ist die von Wesseling, die Postleitzahl jedoch die von Bornheim, das Postamt steht in Hersel, der Strom kommt aus Brühl, das Wasser aus Urfeld, die Kfz-Zulassung sitzt in Bonn, Kfz-Steuer ist zu entrichten an das Finanzamt Siegburg, Einkommensteuer an das Finanzamt Sankt Augustin. Ferner...

Robert gluckste. »Reicht. Klarer Fall von Vereinfachung durch Reform. – Fahr nicht so wüst.«

Ich gehorchte; Chauffeure sind Domestiken. Wir erreichten die Landstraße, die an Bornheim vorbei aufs Vorgebirge klettert. Oben war die Sicht besser, und ab Heimerzheim konnte man fast normal fahren. Das umzingelnde Land war allerdings kaum zu sehen; die real existierende Voreifel lag unter Watteschwaden und hätte ein fantastischer Ozean sein können.

»Sag mal, glaubst du an Hexen?« Robert blickte bei der Frage geradeaus, als sei die Fahrbahn aufschlußreich.

»Ich kenne ein paar in Lila, aber glauben kann man das nicht nennen. Wieso?«

Er schien einen Rückzieher machen zu wollen und murmelte etwas über Spökenkiekerei in der Eifel. Ich wies ihn darauf hin, daß derlei auch in der Wettervorhersage und im Kanzleramt betrieben wird. Er gab sich einen Ruck.

»Also, die Stadtflüchtlinge. Die erzählen allen möglichen Quatsch. Bringt das Landleben wohl mit sich.«

»Meinst du, der IQ der Kühe ist ansteckend?«

Statt zu antworten deutete er auf die wogende Watte. »Man könnte ja glatt an Frau Holle glauben. – Marion ist ein bißchen besorgt.«

»Wegen Frau Holle?«

»Nee. Da gibt's ein paar Sachen. Einiges ist nachvollziehbar, medizinisch faßbar. Der Rest? Aberglaube.«

»Na ja, als aufgeklärte Pädagogin hat sie es auch schwer. Beruflich ist sie verpflichtet, an Fortschritt, Bildung und Demokratie aberzuglauben. Und das als Fortschrittsflüchtling auf dem Land. Herbes Los.«

Ich zündete mir eine Zigarette an; Robert wedelte den Rauch beiseite und hustete deklamatorisch. »Das ist nicht das Problem.«

»Was ist es denn dann?«

Er runzelte die Stirn und sonderte einige nur für Initiierte verständliche Bannformeln ab. Auf meine Bitte, dies für Nichtmediziner zu wiederholen, gab er mir einen Überblick über Marions Befinden. In ihrer Familie hatte es seit Generationen zahlreiche Totgeburten und Mißbildungen gegeben; sie fürchtete sich davor, nun diese Tradition fortzusetzen. Im sechsten Monat hatte es Probleme mit ihren Nieren gegeben – durch den Embryo waren die Harnwege verschoben und beengt und die Spülung nicht mehr ausreichend. Bei den Untersuchungen stellte sich heraus, daß Marion gegen nahezu sämtliche gängigen Antibiotika immun war. Und die, gegen die sie nicht immun war, bargen Risiken für das Kind.

»Aber Marion hat doch nie was genommen, bei ihrer Abneigung gegen die Pharmaindustrie.«

Robert seufzte. »Ja, schon. Bloß – was so im Gemüse und Wasser und Fleisch ist.«

»Was hat das alles mit Hexen und Spökenkiekerei zu tun?«

»Auf einem Hof in der Nähe wohnt eine alte Frau, die bespricht Tiere und legt Karten und liest aus dem Kaffeesatz und so. Ich weiß nicht warum, aber Marion hat sich mal mit ihr gestritten, und da hat die Alte sie und ihre Nachkommen verflucht. Kann aber auch sein, daß Marion sich alles bloß einredet. Daß diese Flüche eine Rationalisierung ihrer Ängste sind.«

Ich kurbelte das Fenster herunter und warf die Zigarette hinaus. »Du wirfst da aber gewaltig die Begriffe durcheinander. Wenn sie medizinisch faßliche Angst vor Erbschäden hat und dazu eine Hexe erfindet, sollte man das eher als Irrationalisierung bezeichnen, oder?«

Bald darauf dirigierte Robert mich auf einen Seitenweg, der in Serpentinen durch einen dichten Laubwald führte. Es war eine mir unbekannte Abkürzung; allerdings hatte ich den Hof zuletzt vor anderthalb Jahren besucht, im Winter, als nur die Hauptzufahrt frei war.

Einen Moment lehnte ich mich an den Wagen und sah mich um, ehe wir zum Haus gingen, das wie ein guter Geist mit leuchtenden Augen im Wald hockte. Das Gras glitzerte. Irgendwo hörte ich, zum erstenmal seit Jahren, einen Specht; seine Schläge klangen, als kämen sie aus einer weiten Höhlung. Es roch nach frischen und faulenden Hölzern, tausend Arten, nach Laub und Nadeln und Harz. Ich wußte, daß das milchige Frühlicht, in dem Vögel randalierten, durch den Nebel geseiht war, stellte aber eine Verbindung zu den Kühen her; der dicke, satte, geschichtete Ruch des Stalles lag über allem, wie eine gelupfte Decke, die das andere nicht erstickt, sondern brütend vermehrt.

Die vier mußten ungeheuer gearbeitet haben. Der baufällige Stall stand fest, ein verrotteter Schuppen war verschwunden und durch einen Holzbau ersetzt. Auch sonst sah vieles besser aus als in meiner Erinnerung.

Vor der Tür stand ein Golf; er gehörte wohl der Hebamme. In der geräumigen Wohnküche wurden wir von Ina und Jürgen begrüßt. Robert verschwand sofort im Gang, der zur Treppe führte. Die Stufen knarrten.

Ina nestelte an ihrer roten Schürze. »Nett, daß du mitgekommen bist.«

Jürgen lehnte an der Tischkante; die Küchenlampe überzog die Glatze mit mattem Blattgold. »Mit dir hätt ich wirklich nich gerechnet«, sagte er.

Beide sahen erschöpft aus. Ina stellte Brot und selbstgemachte Marmelade, eigenen Käse und fremden Aufschnitt hin. Auf dem Kachelherd gluckerte aufgebrühter Kaffee in einer Emaillekanne.

Jürgen kratzte sich den dunkelblonden Bart und sah mich mißmutig an. »So. Nachdem jetz alle da sind un du was zu fressen kriechs, kann ich ja an die Arbeit gehn.« Er stieß sich vom Tisch ab und verschwand aus der Tür.

Ina huschte hin und her, verließ die Küche, kam wieder, verließ sie erneut. Ich aß und trank und sah mich um. Bei einem kurzen Treffen in Bonn hatten die vier vor einiger Zeit von den Fortschritten und Umbauten und der Schufterei berichtet – wie Leute von Bergen erzählen, um Ausreden dafür vorzubringen, daß sie nicht über den ersten Hügel kommen. Und als müßten sie sich Mut machen. Nun saß ich in der Bilderbuchküche mit wackligen Fliesen, massivem Tisch, aufgearbeiteten Bauernschränken und leistete Abbitte.

Ich hörte die Treppe; Ina erschien und setzte sich zu mir.

»So. Die nächste Ladung heißes Wasser und Handtücher ist oben. Jetzt können wir bloß noch abwarten und Daumen drücken. Und Kaffee trinken.«

Früher war sie zierlich und blaß gewesen, immer ein wenig kränklich. Trotz der Müdigkeit sah sie nun gesund aus; die frische Gesichtsfarbe paßte zum Kopftuch auf den kurzen braunen Haaren, und die Hände mit den stumpfen Nägeln waren kräftig.

»Ich erinnere mich an eine gewisse Sekretärin mit knall roten Krallen und Dauergrippe.«

Sie lachte. »Was ist das, Sekretärin? – Hier geht's mir besser.«

»Wie du aussiehst, muß ich dir das glauben.«

»War aber ganz schön hart. Acht Stunden Büro sind öde, mit Klimaanlage und so, aber sechzehn Stunden frische Luft auf dem Bauernhof sind mörderisch.«

Die Tür öffnete sich. Jürgen kam mit einer Blechkanne. Er setzte sie mir vor die Nase, auf den Tisch; dabei grinste er.

»Da, mein unlieber alter Freund. Frische Milch für deinen Kaffee. Grad aus dem Kühler; gestern abend selbs gezapft.«

Ich kostete und begriff die Ausmaße des homogenisierten Verbrechens der Milchversorgung Rheinland. »Lecker. Kinder, macht doch nen Laden in Bonn auf. Ihr könnt reich werden.«

Jürgen grinste wieder. Ich entsann mich seiner Vorträge über die Wesentlichkeit von Adorno. Die Gebärde, mit der er den Milchtopf auf den Tisch gestellt hatte, war weniger emphatisch, und die Milch war besser.

»Na ja, reich?« Er hob die Schultern. »Is außerdem verboten, glaub ich. Frische Milch is ungesund, da muß ers mal alles kaputtgemacht wern. Demnächs gips dehydrierten Salat.«

»Sagt mal, ihr Naturfreaks, darf man bei euch rauchen?«

Ina stand auf und holte einen Aschenbecher. »Logo. Wenn du mir eine ausgibst, rauch ich mit.«

Über unseren Häuptern tat sich was; es klang aber noch nicht wie der große Durchbruch.

Jürgen steckte eine Hand hinter den Latz der Hose und kratzte sich den Bauch. Die alte Vortragstechnik war noch nicht ganz verschwunden; er hielt, ausgehend von Milch, eine Rede über Gesetze, »die Fischern verbieten, in nem bestimmten Seegebiet mit Schleppnetz loszuziehn, wenn Laichzeit is, aber Bayer darf im selben Gebiet Dünnsäure ablassen.«

»Na, was ist denn mit deinen alten Argumenten passiert? Arbeitsplätze; politische Bewußtseinsbildung; Primat der Industrie; soziale Relevanz; das Evangelium nach Marx; Kampf den kleinbürgerlichen Vorstellungen – wie ›Idyll auf dem Lande‹?«

»Scheiß drauf.« Er zog die Hand wieder heraus und deutete mit dem Zeigefinger auf mich. »Aber du wills ja doch bloß provoziern, war bei dir nie anders. Was soll ich mich mit dir zanken? Ich muß die Kühe rausbringen.«

Ina sah lächelnd hinter ihm her; dann wies sie an die Decke. »Jetzt klingt's wie der Ernstfall. Wolfgang will natürlich dabeisein. Hoffentlich müssen wir ihn nicht hinterher verarzten.«

Wolfgang hatte sich zielstrebig auf das Landleben vorbereitet, Landwirtschaft studiert, auf mehreren Höfen gearbeitet; er war der Profi. Marion unterrichtete in einem nahen Städtchen an der Grundschule und hatte in der ersten schwierigen Zeit den Lebensunterhalt beschafft.

Ina spitzte den Mund. Nachdenklich sagte sie: »Hoffentlich geht alles gut.«

»Was soll schiefgehen? Meinst du Marions Ängste wegen Erbschäden? Das hat Robert mir erzählt.«

»Das ist nicht alles.«

»Ach so.« Ich kicherte. »Ich hab nicht an die Hexe gedacht.«

Ina winkte ab. »Alles Quatsch. Nee, sie ist ein bißchen deprimiert, und das ist nicht so gut, glaub ich, wenn man ein Kind kriegt. Ein paar alte Freundinnen, von der lila Truppe, haben sie verflucht und ausgestoßen, weil sie sich nen Jungen wünscht.«

»Ach du liebe Güte. Die Welt ist wirklich voll von Irren.«

»Kannste wohl sagen. Dafür gibt's aber auch angenehme

Überraschungen. Erinnerst du dich an Erwin, Marions Bruder?«

Ich überlegte. »So ein kleiner Typ? Geduckt, blaß, Marke Buchhalter?«

Sie lachte. »Ungefähr. Er ist Informatiker, macht irgendwas im Rechnungswesen bei nem Pharmariesen. Zuerst hat er uns alle und besonders Marion für verrückt erklärt. Neulich war er hier und fand alles ganz nett, und jetzt hat er uns Geld geliehen, für ein paar nötige Sachen. ›Subvention für die Mechanisierung der Landwirtschaft‹, so hat er's ausgedrückt. – Was machst du denn eigentlich so, im Moment?«

Wir redeten eine Weile hin und her. Dann hörten wir von oben, dünn aber eindeutig, einen Säugling krähen. Ina sprang auf; ich hielt sie am Arm fest und küßte sie auf die Nase.

»Herzlichen Glühwurm, Stiefmutter. Gib den Entbindungsknutsch an Marion weiter. Ich will mich da jetzt nicht einmischen. Ich komm demnächst mal länger vorbei. Außerdem wird Robert eilig wegwollen.«

Sie strahlte, drückte mir die Hand und lief zur Treppe. Bald darauf erschienen Robert und die Hebamme; sie wechselten noch ein paar Worte. Dann winkte Robert mir.

»Zurück, los, auf auf. Können wir?« Er gähnte.

»Klar. Ganz wie der Herr befehlen. Alles glatt gegangen?«

»Hmph.«

Im Wegfahren winkten wir Jürgen zu, der aus dem Stall schielte. Wir fuhren wieder durch den Serpentinenwald. Inzwischen war es nach acht und ganz hell. Vor uns tauchte das Heck eines langsamen Güllekübelwagens auf. Robert rümpfte die Nase und deutete auf einen verbotenen Nebenweg. Ich scherte mich nicht um das Schild. Am Waldrand passierten wir ein kleines Haus, das an einer Eiche zu lehnen schien. In der Tür stand eine absurd häßliche Greisin mit krummer Nase und spitzigem Kinn. Sie stützte sich auf einen Besen und grinste uns zahnlos an.

»Das war Frau Holle«, sagte Robert. »Die Hexe.«

»Ach die. Nun sag schon – Mutter und Kind wohlauf?«

»Ein Junge. Ziemlich fett. Hast du ne Zigarette für mich?«

»Da. – Und wie geht's Marion?«

»Besser als Wolfgang; der ist völlig im Eimer.«

Als wir die Hauptstraße erreichten, schaltete ich das Radio ein. Irgendwie hatte ich von der Großen Regie nun Santana erwartet, *Black Magic Woman;* statt dessen kam *What A Wonderful World This Would Be.* Bei »don't know much about science books« wurde ein Verkehrshinweis eingeblendet.

Als wir das Vorgebirge überquert hatten, strahlte die Sonne hoch über dem Bergischen Land. Wir sahen die Kähne auf dem Rhein, links den Dom, vor uns zwischen Kappes- und Kornfeldern das Industriepanorama von Godorf und Wesseling. Ich glaubte, am nordöstlichen Horizont einen Moment lang einen geduckten, blassen Schemen kauern zu sehen; vermutlich war es das Bayer-Kreuz.

Einige Wochen später erfuhr ich, daß Marions Sohn blind und taub war.

Heimkehr

Jakob Rasch war müde, aber sobald sein Kopf gegen den Rücken oder auf die Schulter eines der unbekannten Kameraden sackte, erwachte er wieder. Die Geleise vervielfältigten sich; der vollgepferchte Waggon passierte eine Serie von Weichen. Draußen war trüber November, Schneeregen; Krefelds Außenbezirke schälten sich befremdlich vertraut aus dem Schleier. Drinnen stank es nach zu vielen Männern, die zu lange in zu nassen Gräben gelegen hatten und nun nicht schnell genug heimkommen konnten: verlorene Verlierer. Eine Gruppe beriet über die Bildung von Arbeiter- und Soldatenräten; andere schliefen oder hatten Tornister aufgetürmt und spielten um die wenigen Habseligkeiten. »Kameraden«, grölte einer, »genießt die letzten Stunden. Der Friede wird fürchterlich.«

Ein anderer deutete aus dem Fenster auf etwas, das nur für ihn Bedeutung hatte. »Und endlich erblickten sie von ferne ihres Vaters Haus«, murmelte er.

Jakob Raschs Vater war längst tot und hatte nie ein Haus besessen. Während der Zug kreischend in den Bahnhof fuhr, rieb Jakob sich die Augen und musterte die Hände mit den breiten, gewölbten Nägeln. Seltsam, bald wieder friedlich arbeiten zu können. Vielleicht. Er wußte, daß es schlecht aussah in der Heimat. Dieser Zug hatte ihn von der Demobilisierung heil nach Krefeld gebracht; den anderen Zug hatten die adligen preußischen Lokführer entgleisen lassen. Ob es für *das* Handwerk einen Meisterbrief gab?

Im Gedränge auf dem Bahnsteig blieb er einen Moment stehen, als er in einer schmutzigen Scheibe einen Fremden sah, einen Mann mit Gardemaß, aber ohne Gardeneigung. Bald konnte er den Stoppelbart entfernen, sich waschen, frische Sachen anziehen – keine Uniform – und das Seitengewehr, das er behalten hatte, in den Schrank legen. Zerstreut tastete er nach dem Griffbügel.

Aber noch war er nicht zu Hause. Jemand hinter einem Schalter nannte ihm Gleis und Abfahrtszeit. Rasch nickte dankend. In einer Stunde würde er in Kempen sein, und dann konnte er seine Frau in und die Kinder auf die Arme nehmen.

Jäh und schmerzhaft begriff er, daß nichts sein würde wie früher. Der Junge war zwölf, er würde auf Märchen und Gute-Nacht-Lieder verzichten, und das Mädchen war nicht mehr vier, sondern acht. Und seine Frau? Vor einem halben Jahr, einer Ewigkeit, hatte er sie alle gesehen, aber die drei Wochen hatten nicht ausgereicht, ältere Bilder zu tilgen. Wenn er die Augen schloß, sah er noch immer die kleinen Kinder und die junge Frau, mit geradem Rücken und strahlenden Augen. Nicht die fremde, über schlechtbezahlte »vaterländische« Näharbeit gebeugte Frau, an die er sich und die sich an ihn wieder würde gewöhnen müssen.

Nahe dem Bahnhofsausgang gab es Wassersuppe; er stellte sich in die Schlange. Vor dem Ausgang hörte er Stimmengewirr und sah ein Schild, »Arbeiter- und Soldatenrat«. Mit einem Schlag Suppe im Feldgeschirr und trockenem Brot in der Hand kletterte er zum Bahnsteig hinauf.

Irgendwie erschien es ihm passend, daß die Heimkehr in den trüben Spätnovember fiel. Dies war ehrlich; der Aufbruch im strahlenden August '14, mit Blumen und patriotischem Geschrei und Siegeszuversicht, das war verlogen gewesen. Er hatte es gewußt und marschieren müssen. Er erinnerte sich an Leo Krämer, den Parasiten, der nichts tat und immer war, wo es etwas mitzufeiern oder sonstwie gratis gab. Damals hatte Krämer Tänze vor dem Bahnhof aufgeführt und mit seiner überschlagenden Stimme Hochrufe auf Kaiser und Krieger ausgebracht. Er selbst sei leider zu krank, um dem Vaterland zu dienen, aber.

Für Jakob gehörte der versoffene Faulenzer in die gleiche Kiste wie die preußischen Junker, die von ihren Bauern und Arbeitern lebten und selbst nichts konnten als ein großes Land ruinieren. Ein Land, in dem es damals keine Parteien gegeben hatte, nur noch Deutsche; Rasch war preußisch annektierter Rheinländer. Inzwischen hatten sich seine Sozialdemokraten von dem furchtbaren Hurra entfernt; der Kaiser, hieß es, habe abgedankt, und wenn es denn so etwas wie Arbeiter- und Soldatenräte geben sollte, durften preußische Parasiten und streunender Abschaum wie Leo Krämer keine Bedeutung mehr haben. Eine halbfeudale Militärdiktatur, in der ein Handwerksmeister nach vier Jahren Krieg Gefreiter war, während adlige Flegel als Offiziere begannen, hatte demokratische Nachbarn überfallen. Es war recht und billig, daß diese sich gewehrt hatten. Auch Räte würden sich wehren, aber vielleicht Denken und Fragen zulassen und keinen Angriff anordnen.

Die Suppe war dünn, aber wenigstens warm. Jakob Rasch lehnte sich an einen Pfeiler. Der Zug war noch nicht eingelaufen; dennoch blieb keine Zeit, einen Blick in die Vaterstadt Krefeld zu werfen. Das mußte warten. Ob seine Brüder noch lebten? Einer ganz bestimmt, »der Fabrikant«. Raschs Vater war einfacher Arbeiter gewesen; die Eltern hatten es fertiggebracht, allen Söhnen eine anständige Ausbildung zu verschaffen. Jakob war Drucker und Lithograph, einer war Maler und Anstreicher, einer Tischler. Die beiden jüngsten Brüder waren ebenfalls Drucker geworden, und sie alle hatte man eingezogen und auf die Fronten verteilt. Nur der zweitälteste Bruder war dank guter Beziehungen unabkömmlich, für die Wirtschaft zu wichtig gewesen: kriegswichtig. Mit

Fleiß und Geiz hatte er eine gutgehende Jalousienfabrik aufgebaut, deren militärische Bedeutung zweifelhaft schien; seine Frau sollte Krawatten nähen, um ihr Haushaltsgeld zu verdienen und die Kinder zu ernähren. Als Vater Rasch starb, blieb der Mutter nicht genug, um die kleine Wohnung im vierten Stock an einer Krefelder Ringstraße zu halten. Dort trafen sich die Söhne zur Beratung. Jeder sollte etwas beitragen, damit die Mutter nicht in einer Mansarde endete. Jakob, der nach Kempen gezogen war und dort in einer Druckerei arbeitete, verdiente inzwischen 35 Goldmark in der Woche; seine Frau brauchte nicht zu arbeiten. Auch den anderen ging es nicht schlecht, aber wirklich wohlhabend war nur »der Fabrikant«. Ausgerechnet der sträubte sich, etwas für seine Mutter beizutragen. Bis Jakob und der Maler ihn am Rock packten und aus dem Fenster des vierten Stocks hielten. Es war eine Regennacht; unten spiegelten sich die Laternen auf dem Pflaster.

Inzwischen war auch die Mutter gestorben. Im letzten Frühjahr, in den wenigen Wochen des Urlaubs, hatte Jakob nicht versucht, den einzigen in Krefeld befindlichen Bruder zu sehen oder gar um Hilfe für seine Familie zu bitten; er hatte die Zeit genutzt, um in einem Stahlwerk Geld für Frau und Kinder zu verdienen. Sein drittes »Kind« fiel ihm ein, ein Fehltritt der unverheirateten jüngsten Schwester seiner Frau; er hatte den Jungen nach Kempen geholt. All dies zwischen der Heimkehr aus russischer Gefangenschaft und neuer Verwendung im Westen, im Frühsommer '18. (Jahre später stellte sich bei einer Untersuchung heraus, daß Rasch einen angeborenen Herzklappenfehler hatte; er wäre untauglich gewesen.)

Ohne Verwunderung registrierte er, daß Krefeld nicht mehr seine Vaterstadt war, sondern der Aufenthaltsort seines Bruders. Das überlagerte die übrigen Erinnerungen – die anderen Brüder, Kindheit, Schule, Lehre, Freunde, Musik. Er war ein begabter Musiker und hatte einen sauberen, vollen Baß; wäre Geld dagewesen, hätte man ihn ausbilden lassen können. (Wäre Geld dagewesen, hätte die andere, malende, Schwester seiner Frau, Fabrikarbeiterin, Kunst studieren können.) So spielte er nur einige Instrumente und sang im Verein. Auch der Verein war in Kempen, wie die Druckerei und natürlich die Familie.

Der Bahnsteig füllte sich mit entlassenen Soldaten aus Kempen, Wachtendonk, Aldekerk, Nieukerk und anderen kleinen Orten nahe der Strecke. Einige Gesichter kamen Jakob bekannt vor. Eines erinnerte ihn unliebsam an Leo Krämer. Einer der Kameraden – ein vage vertrautes Gesicht ohne Namen – hatte reichlich Tabak und hielt ihm den Beutel und Papier hin. Nach Jahren elender Versorgung hatten die Soldaten bei der Kapitulation gefüllte Depots gefunden – auch dies preußische Organisation. Jakob rollte eine Zigarette.

»Vor vier Jahren haben wir uns das anders gedacht, wie?« sagte der Mann.

Rasch nickte nur. Er sah keinen Sinn in einer Diskussion. Er hatte es sich nicht anders vorgestellt, sondern sehr wohl gewußt, daß der Rest der Welt größer war als die Strecke vom Niederrhein nach Königsberg, wenn sie ihm auch im Truppenzug unendlich lang vorgekommen war; daß Rußland groß war; und daß neben dem 1870 sinnlos gedemütigten, deshalb nun desto besser vorbereiteten Frankreich das britische Weltreich mit seinen unermeßlichen Quellen stand. Er hatte immer viel und hungrig gelesen, während er mit den Händen arbeitete; er hatte jedes Buch gelesen, an dessen Druck er beteiligt war, und viele mehr. Nach seiner Grundausbildung auf dem Ehrenbreitstein war er 1899 in die Festung Metz gekommen und dort in der Heeresdruckerei verwendet worden; dabei hatte er neben Stabskarten auch große Weltkarten – Rohstoffe, Schiffsrouten, befestigte Häfen ... – geätzt und gedruckt und sich seither oft gefragt, ob der Kaiser jemals in einen Atlas blickte.

Als der überfüllte Zug langsam aus dem Bahnhof rollte, zwang Jakob sich, an die Zukunft zu denken. Vielleicht würde es schwierig, gute Arbeit zu finden; vielleicht gab es neue Entwicklungen, neue Druckverfahren, die er ganz neu lernen mußte; vielleicht würde man aus der Kleinstadt fortziehen müssen, der Arbeit hinterher. In einigen Wochen wurde er achtunddreißig; bei all dem Neubeginn konnte auch er neu beginnen; das alte Leben war ausradiert. Er wollte sich auf seine Frau freuen, aber die Erschöpfung war mächtiger. Das regelmäßige Rattern und Ruckeln wiegte ihn in einen Halbschlaf, und das flache, abgeerntete Land mit kahlen Baumgruppen und einzelnen Gehöften vor dem Fenster glitt mit ihm in ein anderes flaches Land hinüber, das riesig war und ähnlich fremd vertraut.

In jenem August wurde er sofort einberufen, und er wollte nur eines: überleben und heimkehren. Deshalb stellte er sich dem Krieg so wie jeder anderen unangenehmen oder verhaßten Arbeit, die am besten gut und gründlich erledigt wird, damit sie schnell vorbeigeht und keine Spuren hinterläßt. Aber das lag bei anderen. Seine Einheit wurde an die Ostfront geschickt; im Zug redeten sie auch von der Zukunft, und wie sich alles einmal im Rückblick ausnehmen würde. Jakob sagte: »Bestimmt wird die Zukunft nicht behaupten, das große waffenstarrende Belgien ist ins arme neutrale Deutschland eingefallen.« Zum Glück war kein Offizier in der Nähe.

Es hätte ihm nichts ausgemacht, mit anderen aus dem Viehwaggon die Offiziere, die erster Klasse zur Front fuhren, in ihren Wagen sitzenzulassen; aber er konnte seine Kameraden nicht verraten, und noch weniger durfte er zulassen, daß der Staat, der ihn und die anderen verheizte, seine Frau und die Kinder als Angehörige eines Fahnenflüchtigen schändete. Mit den übrigen der Einheit kam er an die galizische Front, wo sie viel mit Österreichern zusammen waren, »Kamerad Schnürschuh«. Nach einer der undurchschaubaren Winterschlachten fand Jakob neben einem toten Russen eine Ikone. Er nahm sie an sich; Maria sollte nicht im Schnee liegen, und vielleicht würde sie ihn doppelt schützen, da sie es bei dem russischen Kameraden versäumt hatte.

Im Frühjahr '15 stießen sie bei einer Aufklärungspatrouille auf Russen und flohen durch ein Waldgelände, bis zu einem Bach. Einer der Kameraden schaffte den Sprung nicht, fiel ins Wasser und rief um Hilfe. Als sie ihn herauszogen, holten die Verfolger sie ein.

Der unglückliche Kamerad starb einige Monate später im Gefangenenlager, an Heimweh. Viele andere starben ebenfalls, an Unterernährung, Erschöpfung, Krankheiten. Jakob gehörte zu den wenigen, die alles überstanden. Den größten Teil seiner Zuckerrationen tauschte er gegen Tabak ein, den er kaute. Es schmeckte widerlich und er wußte, daß er nichts schlucken durfte; er hatte das in einem Buch gelesen, und so entging er dem Skorbut, an dem die meisten Kameraden erkrankten.

Im Spätsommer, kurz vor Beginn der Erntezeit, wurde das Lager aufgelöst; die Gefangenen marschierten in langen Kolonnen unter Bewachung zum Bahnhof. Niemand hatte Zweifel über das Ziel des Transports; Jakob sprach inzwischen leidlich Russisch und erhielt von einem Posten die Bestätigung: Sibirien.

Der Zug stand einige Tage auf einem Moskauer Rangierbahnhof. Niemand erfuhr weshalb, und niemand wußte, welche Launen einen russischen Beamten dazu brachten, einige Wagen abzukoppeln. Sie wurden an einen anderen Zug gehängt; er fuhr nach Süden.

Zwei Jahre verbrachte Jakob Rasch auf einem Gut zwischen östlicher Ukraine und Wolga, als Zwangsarbeiter. Die Gutsbesitzer waren freundlich und erschwerten ihm und den anderen das Leben nicht unnötig. Von der energischen Schwiegertochter, die das Haar straff zurückkämmte und immer Reitstiefel trug, erfuhr Jakob später, daß der Sohn des Hauses, ihr Mann, in deutscher Gefangenschaft war. Ihre Schwägerin, das einzige andere Kind der Gutsbesitzer, lebte als Ärztin in Moskau. Unter dem Gesinde und den Pächtern gab es nur wenige Männer – Greise oder Invalide.

Bei der Arbeit und abends wurde viel gesungen. Jakobs Baßstimme lockte zunächst das Gesinde, später auch die Gutsbesitzer zu den Feuern der Zwangsarbeiter. Er eignete sich die wilden und wehmütigen Lieder der »Gastgeber« an. Da er als nahezu einziger der Gefangenen Russisch verstand, mußte er oft zwischen Gut und Arbeitern dolmetschen und vermitteln; so kam er gelegentlich ins Herrenhaus, wo man ihn fast wie einen zweiten Sohn behandelte. Die Ikone und das Bild von seiner Frau und den beiden Kindern fanden Platz auf dem Familienaltar der Gutsbesitzer; es seien hübsche Kinder und eine schöne, stolze Frau, und er solle heil zu ihnen heimkehren und nach dem Krieg mit ihnen zu Besuch kommen.

Wenn er Zeit fand, experimentierte er mit Hölzern und dem Gedärm geschlachteter Tiere. Das erste Ergebnis der Holzarbeiten war ein kleines, mit einem Küchenmesser geschnitztes Schachspiel. Die Hälfte der Figuren färbte er im Herbst '16 mit dem Saft grüner Walnußschalen dunkel. Später, als er herausgefunden hatte, wie die Därme mit den verfügbaren Mitteln zu behandeln waren, bespannte er sein zweites Werk, die kleine Mandoline, und baute eine Geige.

Von den Gutsleuten erfuhr er, was in der Welt vorging. Man war auf Gerüchte, mündliche Nachrichten und seltene Zeitungen angewiesen. Im Sommer '17 gab es wirre Berichte aus Petersburg und Moskau, aber die deutsche Front war zu weit entfernt. Dennoch begann Jakob Rasch, Vorkehrungen für eine Flucht zu treffen. Nach langem Zögern entschied er, daß er es allein versuchen mußte, ohne Kameraden. Eine Gruppe hätte zu viel Aufsehen erregt in dem weiten Land. Trotz seiner Sprachkenntnisse würde aber jeder schnell herausfinden, daß er kein gebürtiger Russe war. Also mußte er stumm sein. Und wovon sollte er unterwegs leben? Wie konnte er vermeiden, als entlaufener Kriegsgefangener erschossen zu werden? Er grübelte lange, und bis er die schlichte und vollkommen bizarre Lösung fand, war es Herbst.

Dann kehrte die Ärztin aus Moskau heim, die Tochter der Gutsbesitzer. Ihre Berichte über die Wirren gaben den Ausschlag. Eines Abends, als Jakob einen Beutel mit entwendetem Getreide zu seinem Versteck brachte, war plötzlich die Schwiegertochter der Gutsherren hinter ihm. Sie kümmerte sich nicht um sein Erschrecken, zeigte auch selbst keine Angst, mit einem vielleicht zu allem entschlossenen fluchtwilligen Gefangenen allein zu sein. Mit dem Stiel der Reitpeitsche untersuchte sie seine Vorräte, nickte und sagte leise: »Ein paar Medikamente sollten Sie noch mitnehmen.«

Am nächsten Mittag wurde er ins Herrenhaus gerufen. Der alte Mann war nicht da. Auf dem Tisch lag ein Päckchen; es enthielt die Ikone, das Bild von Frau und Kindern, Schokolade, Wurst, Arzneidöschen, eine Landkarte und Münzen. Die alte Gutsherrin segnete ihn.

Abends machte er sich auf den Weg, mit Lebensmitteln, ein paar Decken, dem Päckchen, einem zweiten Hemd, dem Schachspiel und der Geige. All dies hatte er auf eine Schubkarre gepackt, und die schob er nach Westen. Wer ihn sonst für einen entflohenen Gefangenen gehalten hätte, beachtete ihn nun nicht; mit der Karre mochte er ein Knecht vom nächsten Gut sein oder ein Bauer aus dem nächsten Dorf. Manchmal packte er in einem der Weiler oder bei den Gesindeschuppen eines Gutshofs die Geige aus und wurde zum stummen wandernden Spielmann, für ein Essen und ein Nachtlager. Als der Schnee kam, wurde die Schubkarre hinderlich, aber inzwischen hatte Jakob die Ukraine erreicht; es gab Gerüchte über einen Separatfrieden und eine Loslösung der Ukraine aus dem Russischen Reich, und die Wirren der Revolution griffen um sich. Nun kümmerte sich niemand mehr um einen einsamen Schneewanderer.

Im Dezember erreichte Jakob Rasch die deutschen Stellungen nahe Charkow. Mehr als zwei Monate verbrachte er in einem Quarantänelager. Anfang März kam er in Kempen an, morgens um fünf. Er pfiff unter dem Fenster seiner Frau. Als sie verblüfft und verschlafen den Kopf herausstreckte – es war der Familienpfiff, und sie fragte sich, was wohl eine ihrer Schwestern so früh von ihr wollte –, sagte er halblaut: »Schmeiß mir mal den Schlüssel runter.«

Viele der früher wichtigen Männer aus Kempen waren an der Front oder gefallen, und andere, die keine Rolle gespielt hatten, meldeten sich zu Wort. Leo Krämer gehörte zu ihnen; er hielt große Reden über den Sieg, der am Ende der Frühjahrsoffensive auf die deutschen Truppen wartete. »Bring mir was mit aus Paris«, sagte er, als Jakob Rasch nach drei Wochen wieder einrücken mußte. Jakob spie aus.

Arrogante Schnösel, die seine Söhne hätten sein können, machten ihn und andere im Eilverfahren mit neuen Waffen bekannt. Kleine verstörte Kerlchen, die seine Söhne hätten sein können, schlecht ausgebildet und unerfahren, starben wie die Fliegen, weil sie nicht einmal wußten, wann man sich hinwerfen mußte und wann man stehen konnte. Die letzten sieben Monate des längst verlorenen Krieges waren für Jakob Rasch schlimmer als die Jahre vorher.

Nun kehrte er heim, an einem trüben Nachmittag im späten November. Als er den Tornister aufnahm, fühlte er sich unendlich müde, alt und schwach. Man hatte ihm vier Jahre gestohlen, vielleicht die besten. Aber unzähligen anderen hatten sie alle weiteren Jahre gestohlen. Ein Riemen des Tornisters verfing sich im Bajonett, das er als Messer am Gürtel trug; er schob die Klinge zurück in die Scheide, fuhr sich mit der Hand über die Augen. Seine Frau konnte nicht am Bahnhof sein; sie würde auch jetzt nähen. Außerdem wußte sie nicht, wann er kam. Ob er kam. Daß er noch lebte. Plötzlich und sehr intensiv sehnte er sich nach ihr. Seine Augen brannten.

Mit vielen anderen stieg er aus, ging durch den Bahnhof, zum Bahnhofsplatz. Dort standen Menschen; sie bildeten ein Spalier, durch das die Heimkehrer gehen mußten. Am Ende des Spaliers hielten Männer das Schild hoch: »Arbeiter- und Soldatenrat«. Es war kein Ehrenspalier wie beim Abmarsch, sondern Spießrutenlaufen. Die gleichen, die damals gejubelt hatten und zu Hause geblieben waren, beschimpften nun die Heimkehrer. Als seien sie, Gemeine und Gefreite, diejenigen gewesen, die alles begonnen und verschuldet hatten.

Am Ende des Spaliers, unter dem Schild, das im Wind leicht flappte, stand Leo Krämer. Er trug eine Schirmmütze und riß den heimkehrenden Männern, die ihm nichts aus Paris mitbrachten, die Streifen von den Uniformjacken. Dabei schrie er Parolen, mit überschlagender Stimme. Die demobilisierten, demoralisierten Soldaten ließen es betäubt über sich ergehen.

Jakob Rasch sah von der Bahnhofstreppe zu. Da waren viele vertraute Gesichter, die er nicht wiedererkannte. Als andere Heimkehrer an ihm vorbeigehen wollten, hielt er sie zurück, ohne das Gesicht von der Menge zu nehmen. Er wartete, bis das Spalier leer war. In all den Jahren hatte er in Engländern, Franzosen, Russen, zuletzt Amerikanern Kameraden gesehen, Arbeiter, die zufällig in eine andere Uniform gesteckt worden waren. Jetzt plötzlich stieg ihm tief aus dem Bauch etwas in die Kehle, was wie der vom Kaiser verordnete Haß schmeckte. Er biß auf die Zähne, damit es nicht herausbrach.

Fünfzehn Meter trennten ihn von dem Kameraden, dem Krämer eben die Streifen abriß. Jakob Rasch richtete sich auf; er ging langsam und schaute geradeaus. Das Spalier wurde sehr leise. Als er vor Leo Krämer stand, legte er die rechte Hand an sein Bajonett. »Du Arbeiter und Soldat«, sagte er mit zusammengebissenen Zähnen. »Wenn du mich anrührst, bring ich dich um.«

Krämer trat zur Seite. Die letzten Heimkehrer verließen unbehelligt den Platz. Mit gleichmäßigen Schritten ging Jakob Rasch zu Frau und Kindern zurück, durch die fremde Heimatstadt.

Liebe, Tod und Münstereifel

Es war einer dieser lausigen Sommerabende. Die Sonne wollte nicht sterben; der sengende Ball hing oben in blauer Öde. Unten titschten Spiegelbilder auf dem Rhein, der leise plätscherte und laut stank. An solchen Tagen hasse ich Flüsse, weil sie zu einem Meer unterwegs sind, während ich in der Maserung meines Schreibtischs einen Punkt suche.

Es war heiß wie in einem gläsernen Käfig. Wenn der Himmelskokon aufreißt, heißt das sonst, daß etwas aus der Absurdität des Kosmos über uns hereinbricht, die vernünftigen Inselchen, die man sich einbildet, überflutet und den versponnenen Larven beweist, daß sie Puppen sind und das ordentliche Universum Gespinst. Aber an diesem Tag hätte ich viel für ein bißchen Chaos gegeben; Hauptsache, mit Wind.

Ich mühte mich mit einem Psychokrimi, aber die Personen wollten nicht wie ich. Sie waren überaus gründlich entworfen; mit diesem Rüstzeug machten sie sich nun selbständig. Eigentlich sollten sie einander in der Hitze einer Großstadt umbringen. Doch wie ich da saß und schrieb, glitschten sie mir aus den feuchten Fingern. Im Gewebe, mit dem ich sie umgeben hatte, fand ich keinen Riß, das Chaos einzulassen und düstere Lawinen ins Gleiten zu bringen. Die beiden entwickelten sich zueinander hin, begannen eine erfolgverheißende Romanze und wollten zusammen in Urlaub fahren, auf irgendeine verdammte Insel.

An diesem Punkt gab ich auf, deprimiert von soviel Harmoniesucht und Vernunft. Ich überlegte, wen ich anrufen könnte, mich aktiv auszuweinen. Blicke auf Kalender und den wuchernden Stapel Ansichtskarten belehrten mich jedoch eines Schlechteren. Alle Bekanntschaften mit zugänglichem Bermudadreieck waren auf den Bahamas, Seychellen, Alëuten oder Kanaren.

Also zog ich ein frisches Hemd an und in *Die Fremde*. Der Name des kleinen Lokals am rechten Rheinufer ist mißverständlich. Hein, der Besitzer, hat keine auswärtigen Verhältnisse; er redet jedoch oft von sejner kalten Hejmat, einer verklärten Insel im Ostland. Hein ist Profivertriebener. Anders als der große Schlesier Hupka wurde er zwar nicht auf Ceylon geboren, aber jedenfalls fern von Keenichsbarch, und zwar nach dem Krieg. Er wuchs im Rheinland auf. Nach einem läßlichen Studium der Volkswirtschaft hat er die Kneipe übernommen. Seitdem poliert er an einem ostischen Akzent herum, spricht aber immer sauber, wenn echte Ostpreußen am Tresen hängen. Oder wenn er nicht aufpaßt.

»Na, Mannchen, schon so früh fertig mit dem Dichten?« Er musterte mich kühl, und weil ihm, was er sah, wie üblich mißfiel, runzelte er die Stirn.

»Fix und. Hast du mal nen sauren Wein mit Wasser für mich?«

»Passend zur Laune, was? Jungchen, siehst aus wie n Kindersarch.« Er steckte die vom Akzent schwielige Zunge in die Luft, bückte sich ächzend und kramte im Flaschenkühlschrank. »Das rejcht nech wejt, das est man nur noch n Restchen. Ech hol was Nachschub. Du siehst nech so drejn, als werdste jlejch wieder jehn.« Er rümpfte die Nase und schlurfte von hinnen.

Wenn er nicht gerade stirbt, öffnet Hein immer Punkt Fünf. Egal, ob jemand was trinken will oder nicht. An diesem späten Nachmittag waren wir beide allein im Lokal. Ich drehte den Barhocker so, daß ich durch die offene Tür hinausschauen konnte, aber auch das deprimierte mich.

Nebenan befindet sich ein Reisebüro, und die großbusige Brünette auf dem Poster warb für Zonne, Zand, Zurf und Zex. Sie hatte weiße Zähne und quoll aus der geringfügigen Garderobe. Ich war dabei, mich einzuseufzen, als Hein zurückkam.

»Ssso, da. Drej Fläschchen. Mejnste, s rejcht firs Erste?« Er holte zwei Pokale aus einem Schrank, türmte Eisklumpen hinein und goß Wein und Kribbelwasser darüber. »Nu sach, was est los met dem Jedecht?«

Ich trank einen großen Schluck und legte die Zigaretten auf den Tresen. »Na, nix is. Die wollen alle nich so wie ich.«

»Ach was! Erzähl mal.«

»Im Prinzip ist das ganz einfach. Zwei junge Leute, er und sie; beide aus heilen Familien ...«

»Schrejpste nu auch schon Ketschromane?«

»Nee. Soll n Psychokrimi werden. Nicht so einer, wo jemand ne böse Kindheit hatte und dann was Böses tut; das ist ja banal. Nee – einer mit netten Leuten, die wirklich unheimlich nett sind, und plötzlich bricht im Netten das Unheimliche auf. Passiert im Leben ja dauernd; vielleicht ist das auf Papier aber besser organisiert als in der Wirklichkeit. Wie gesagt, heile Familien, alles gesund, keine politischen Überzeugungen oder andere erbliche Geisteskrankheiten, nicht zu viel Geld, aber auch nicht zu wenig. Liebe Eltern, alles Friede Freude Eierkuchen. Und die beiden jungen Leute rutschen in was rein – so ähnlich, hab ich mir gedacht, wie *Wer hat Angst vor Virginia Woolf*, aber irgendwie ... Ich weiß nicht, irgendwie stimmen die Zutaten nicht. Alles, was dabei rauskommt, ist *Romeo und Julia* ohne böse Verwandte.«

»Ah bah bah, kamman nechts machen, wie?« Hein deponierte seine Wampe auf dem Spülbecken und ließ in unregelmäßigen Abständen einen Hosenträger, den er mit dem

Daumen spannte, auf sein kariertes Hemd klatschen. Eine Form der chinesischen Wasserfolter. Der Schweiß troff ihm von der Glatze. Ich will nicht behaupten, daß ihn meine Geschichte nicht interessierte, aber es war mühsames Wetter. Wir tranken eine Weile stumm gegeneinander an.

»Harrum, humph, humph. Echa, echa. Eh, ah – Räuberskat?«

Ich schob Glas und Zigaretten sowie Aschbecher beiseite und nickte.

Hein kramte ein Spiel hervor, mischte, legte die Karten auf dem Tresen zurecht, zur Hälfte offen, zur Hälfte verdeckt. »Du best.«

Wir spielten und tranken. Irgendwann fühlte ich mich beobachtet und drehte mich um, aber es war nur die großbusige Brünette auf dem Poster. Vielleicht hatte sie den bösen Blick.

Einige Zeit später fuhr Hagen draußen vor. Das Röhren und Nadeln seines alten Diesel war nicht zu überhören. Hagen lebt von all jenen, die zu viel Geld oder zu wenig Zeit für öffentliche Verkehrsmittel haben. Woran man sieht, daß Zeit nicht immer Geld ist. Er gehört zu jener Sorte Rheinländer, die meint, sie spreche ohne Akzent. Er ist klein, dunkelhaarig und trägt ein Menjoubärtchen, das er für schmuck hält. Beim Reden faßt er sich oft an die Nase, und da er viel redet, ist sie ziemlich abgegriffen. Er begrüßte uns – es war kurz vor Sonnenuntergang, endlich – mit einer komplizierten Formel, die er einem norddeutschen Fahrgast abgelauscht hat.

»Moin moin. Tuste mir n Wasser, Hein? – Puh, wat en Tach.« Er kletterte auf den Schemel zu meiner Rechten, hechelte wie ein Saharawanderer, folgte Heins Bewegungen mit gierigen Stechaugen, packte das Glas und gurgelte. »Ahhh. Jetz jeht et besser.«

Er leckte sich die Lippen und sah uns abwechselnd an, mit jenem lauernden Ausdruck, der Hein und mir verriet, daß nun eine Geschichte kommen würde. Kein Witz, nein, eine Story. Der Wettbewerb zwischen uns dreien lief seit etwa einem Jahr. Hein hatte sich mal beklagt, daß abgesehen von den Amokläufen der Irren auf dem anderen Ufer, als wie Bonn, nichts passiert; daß man, abgesehen von Witzen mit langen Bärten, keine vernünftigen Geschichten mehr zu hören bekommt. Es stand inzwischen 20:10:10 für Hagen, der als Taxifahrer mehr hört, als Hein und ich erfinden können.

»Also, isch hatt heut en Fuhre nach Wahn, zum Fluchhafen. Wie isch mein Passagier abjesetz hab, will isch noch ene Kaffe trinken. Un jetz rat mal, wen isch da treff?«

Hein schloß die Augen. »Den ganzen Effzeh.«

Der Vorschlag war plausibel; Hagen ist zahlendes und fanatisches Mitglied des 1. FC Köln.

»Nää, Quatsch, die ham doch Sommerpaus. Nee. Hoffmanns Willi.«

»Hoffmanns Willi? Nejn aber auch. Wie kommt der nach Wahn? Säuft er jetzt Fluuchbenzin?«

Auch das war plausibel. Willi Hoffmann ist, wie man so sagt, Sportinvalide; ein ehemaliger Lehrer, der es durch jahrelanges konzentriertes Trinken zum Frühpensionär gebracht hat.

»Den hab ich ewig nicht gesehn«, sagte ich. »Nicht, daß ich ihn vermißt hätte.«

Hagen antwortete zunächst nicht. Er zupfte an seiner Nase, legte die Schlüssel auf den Tresen, steckte den Finger durch den Schlüsselring und zog damit Kreise auf sonorem Untergrund. »Tja, Hoffmanns Willi«, sagte er schließlich. »Isch steh da un trink Kaffe, un da komp de Willi an, sieht misch, wink un fährt mit de Rolltrepp nach unten.«

Hein schüttelte den Kopf. »Wieso kommt er an? Etwa wie met dem Fluuchzeuch?«

»Jenau. Isch trink aus und lauf runter. Unten steht Willi mi'm Flachmann inner Hand un jlotz auf et Rollband, wo se de Koffers spazierenfahren tun. Isch hau ihm auf n Rücken un sach: ›Mann, Willi, wo kompße her?‹ sach isch. ›Lang nit jesehn. Wo waaße?‹ Mensch, also der haat en Fahn, da hätt en janz Regiment denen ihr sein Fahneneid drauf ableje künne, un dann wär se noch nit abjenutz.«

Hein brummelte irgendwas Unverständliches.

Ich sagte: »Hör mal, die Fahne hat der Willi seit Jahren. Die ist eingebaut. Das ist nichts Neues. Aber was macht Willi im Flughafen?«

Ich hatte Mühe, mir das vorzustellen. Willi Hoffmann war eine Ruine, der man die frühere Wehrhaftigkeit kaum noch ansah. Er gehörte zu den Säufern, die nicht aufquellen, sondern schrumpeln. In Kneipen, auf Parkbänken, notfalls im Gully konnte ich ihn mir ausmalen, aber nicht als aussteigender Passagier im Flughafen Köln-Wahn.

»Hab isch misch auch jefraach. Er kuck misch so komisch an un sach: ›Biste frei?‹ Isch sach: ›Klaa.‹ ›Jutt‹, sacht er, ›fährße misch na Bonn, dann erzähl isch disch n Jeschisch.‹ Dann komp sein Koffer vorbeijeschwommen un wir jehn zum Waaren. Un dann hat er erzählt. Junge, Junge, Mann, also nee.«

Hein hängte die Linke ins Spülbecken, klemmte den rechten Arm hinter die Zapfhähne und starrte an die Decke.

»Nun mach schon!« sagte ich.

Hagen rümpfte die Nase und schielte mich an, von der Seite. »Wat für disch, du Schriffsteller. Jlaubt einem keiner, wemman et schreip. – Also. Willi war Weihnachten et letzte Mal hier im Lokal, Hein. Da hinten, am zweiten Tisch, da hat er mit wem jeflüstert un Jeschäfte jemach. Wißter noch?«

»Ich war nicht dabei.«

»Mechte sejn, mecht es. Aber est das werklech so lange her?«

»Sacht er jedenfalls. Also, der Willi war ja mal verheirat, ne? Dem sein Frau is aber at lang dood. Un die Mutter vun die Frau, Willi sein Schwiejemutte, die haat jett an de Fööß. Als wie dem Willi sing Frau jestorve is, da hat die Ahl ihr Testamang jeändert. Weil se ja jewuß hat, dat de Willi schluck, da hat se, wie ihr Tochter affjekratz is, all ihr schön Jeld dem Willi sein Tochter vermach, ihr sein Enkelin, damit nit de Willi alles kritt un versaufe tut. Klar? Jutt. Also, dem Willi sein Tochter, dat war en lecker Määdsche ...«

Hein hob die kahle Stirn. »Esse nech jestorben, em vorjen Jahr? Ond war se nech ejn wänech ...« Hier nahm er die Hand aus dem Spülbecken und deutete mit dem tropfenden Zeigefinger auf seine Schläfe.

»Ja. Schlitzofrähn, dat war se. Se is ävver nit jestorve, se hätt sisch opjehange.«

Ich dachte an das zierliche Mädchen mit dunklem Haar und huschenden Augen. Dann riß ich mich zusammen. »Moment. Zement mal. Das wird doch wieder eine von deinen kastratophalen Bandwurmgeschichten. Wo ist da zum Bleistift vorn? Von hinten nicht zu reden. Willis Frau ist tot, seine Schwiegermutter hat ein Testament zugunsten von Willis Tochter gemacht, die Tochter ist schizophren, und Willi steigt in Köln aus nem Flugzeug. Gibts da auch ne Pointe?«

»Kommt alles. Ein Jeeschlisches hat sein Zeit. Sing Zick. Steht schon in der dings, Bibbel. Paß op. Willi sein Tochter hat sisch nämlisch nit einfach *so* aufjehänk, sondern weejen Obdachslosischkeit. Dabei hatte se ne Eijentumswohnung in Münstereifel. Aber die war vermietet.«

An dieser Stelle nahm Hein den Arm von den Zapfhähnen,

deutete anklagend auf Hagen, schüttelte den Kopf, grunzte, hängte auch die zweite Hand ins Spülbecken und öffnete sehr langsam den Mund. »Nejn, ech werd es nech saaren. Hat ja doch alles kejn Zweck nech.«

Hagen räusperte sich. »Also, so weit is alles klar, ne? Dem Willi sein Tochter hatte ne Fründ. Aber wie dat nun mal so is, der hat auch nen Wischer. Nen Hau. Der Jung is nämlich rauschjiftisch.«

Ich zuckte zusammen. »Bitte, *was* ist er?«

»Rauschgiftick. Elleßdeh un so. Un der wohnt zuhaus. Isch jlaub, de Vater is Anwalt oder Arz. Un ihr wiß ja, wie die jünge Lück so sin, mit Moral un Rücksisch op de Famillisch un esu – auch nit besser wie wir. Jedenfalls hat der Jung sin Fründin, dem Willi sein Tochter, bei sisch zuhaus einquartiert.«

»Du hast aber doch eben gesagt, sie hat sich wegen Obdachlosigkeit aufgehängt. Oh Mann, das halt ich nicht aus. Hein, mach mir noch n Weinchen.«

Hagen rülpste prophylaktisch. »Un mir noch en Wasse. Isch muß noch fahren. – So. Jetz hat die Sach aber ene Haken.«

»Einen Haken? Einen bloß? Hein, er hat gesagt, die Sache hat *einen* Haken.«

»Schnauze. Dä Haken is der. Dem Jung sing Vadder hat nämmlisch Krepps. Un kurz vor Weihnachten hat er jesach: ‹Das ist wohl meinen letzten Weihnachten zu Haus. Ein rauschgiftiger Sohn un Krepps, dat reisch. Dat fremd Määdsche mit ihr komische Aure will isch nit och noch am Weihnachten dabeihan.›«

»Nech janz onverständlich, mecht ech saaren.«

»Klar. Sowieso alles ganz klar und verständlich. Der Vater ist krank, der Sohn ist rauschgiftig, wie du so schön sagst, Willis Tochter ist einquartiert, hat außerdem ne Eigentumswohnung in Bad Münstereifel, hängt sich aber wegen Obdachlosigkeit auf, und Willi steigt in Köln mit ner Fahne aus nem Flugzeug. Sollen wir jetzt nen Wettbewerb machen – wer konstruiert daraus die blödeste Geschichte?«

»Nit nöddisch. Hat das Leben schon jeschrieben, wie et heiß. Also. Dä kranke Vadder will Weihnachten im Schoß vunne Famillisch feiern. Dä rauschjiftije Sohn versuch, Willi sein Tochter, ihm singe Fründin, im Krankenhaus zum bringe, für über die Taare. Der jing et nämlisch jrad besonders dreckelisch. Die war ja schizodinges, un ausjereschnet bei *dem* Zeitpunkt war se auwenem Schubs, heiß dat jlaub isch. Un et war jrad aaschkalt, da kunnt mer nit drusse übernäschtije. Aber: Keiner will se haben, nit emal et Ellkahah. Also jeht se nach ihre Vadder, Hoffmanns Willi, Profisäufer. Der Vadder vom Fründ hat Krepps, de Fründ jeht auf ene Weihnachtstrip, dat Määdsche hat ene Schubs, un Willi is jrad breit wie ne Natter un voll wie ne Zecke, im Delirigum. Un da hat die Kleen sich opjehange, auwem Speischer, mit en Wäschelein.«

Wir waren ganz andächtig. Eine ganze Weile sagte keiner etwas. Ich sann.

Irgendwann seufzte Hein. »Ja ja. Ach ja. Nein nein nein. Nejn.«

Hagen schlürfte sein Wasser, als ob es sich um alten Burgunder handelte, von dem er nichts versteht. Dann schmatzte er und kam zum Höhepunkt. »Dat war aber nit de einzije Todesfall in de Famillisch. Paa Monat oder Woche früher war nämlisch dem Willi sein Schwiejemutte jestorve, die mit dem Testamang. Und die haat ihr Enkelin, als wie dem Hoffmanns Willi sein Tochter, an die achtzischtausend in bar vermach, un die vermietete Eijentumswohnung im Rentnerparadies Bad Münstereifel. Haat se ihr Enkelin vermach, damit dat de versoffene Herr Schwiejesohn et nit all kritt. Un wie die Kleen sich aufhänk, da kritt Willi jetz doch alles, wo er ja de nääxte Verwandte von sein Tochter is. – Isch muß mal. Rest komp nach.«

Hagen setzte sein Wasserglas ab und verschwand. Immer, wenn er längere Geschichten zu erzählen hat, geht er vor der Pointe aufs Klo – übrigens ein feiner rhetorischer Trick. Jemand wird ihn dafür mal umbringen.

»Mannchen, Mannchen, nu wie wird das bloß ausjehn? Ond, nech zo verjessen, wie kommt Willi em Fluuchzeuch?« Hein beugte sich vor; er schien zutiefst besorgt.

»Na, mit dem Geld, das er von seiner Tochter geerbt hat, das sie von ihrer Oma geerbt hat, das Willi nicht kriegen sollte. Ist doch ganz einfach. Bloß – warum fliegt er durch die Gegend, wo er doch in Bonn genauso absaufen kann?«

»Ach ja. Todesfälle ond Erbschaften. Soll man de Finger von lassen. Emmer bloß Dorchejnander. Hastu das aus Australien gelesen?«

»Oh bitte nein. Nu komm du nich auch noch mit so was an. Was ist denn in Australien? Hat da ein totes Känguruh einen gebügelten Bumerang vererbt?«

»Nejn nejn nejn. Viel schöner. Ejn älteres Ehepaar. Haben emmer Kender haben jewollt, aber nech kriejen jekonnt kejne. Ich jlaub, de Frau hat se nech können austraaren. Erjendwas war bej ihr zo wejch, da onten. Oder so. Nu hat aber doch de Technek Fortschrette jemacht.«

»Bloß Hagens Erzähltechnik nicht.«

»Eh, ja. Nu send aber diese Australier, de bejden, stenkrejch send se jewesen, deshalb hat es doch noch jeklappt met dem Nachwochs, sonst hätten se sech das auch nech lejsten jekonnt.«

»Was? Das Klappen?«

»Quaatsch, Mannchen. Die ham den Embryo rausjenommen ond ejnjefroren. Se ham ihm em Testament jesetzt ond ejne Frau jesucht, die wo ihm soll austraaren. Fier viel Jeld. Die ham se aber noch nech jefonden, da send se bejde met dem Fluuchzeuch ronterjefallen. Viellejcht auch met dem Auto vor ejnen Baum jefahren.«

»Eukalyptus?«

»Ejal – jedenfalls send se bejde kapores.«

»Und du meinst, jetzt ist der Willi in Australien gewesen, mit dem Flugzeug, und hat den Embryo samt Röhrchen und Kühlschrank adoptiert?«

»Nejn. So nech. Nech so. Aber die Australier, de bejden, die ham ejnijes an Milliönchen henterjelassen. Ond em Testament steht, das est alles fier das Kendchen. Das Kend est aber noch em Röhrchen. Ond nu zerbrechen se sech da onten den Kopf, ob ejn jefrorener Embryo em Erbe rejntreten kann.«

»Toll. Ich weiß, wie man das noch komplizierter machen kann. Waren die Eltern katholisch?«

»Wejß ech nech. Wieso?«

»In der katholischen Kirche gibt es, oder gab es mal, eine Taufe unter Vorbehalt. Die wird oder wurde erteilt, wenn man nicht sicher sagen kann, ob das, was da im Taufbecken krault, wirklich ein Mensch ist.«

»Ej. Ejejej. Was soll es sonst sejn?«

»Na, ne Mißgeburt, n Minotaurus, n Bayer, n Ostprejße. Was wejß ech denn. Jedenfalls kann ein Kind erst nach der Geburt getauft werden. Eine Seele hat es schon vorher, sonst dürfte man ja katholisch abtreiben. Die Seele darf aber erst nach der Geburt durch die Taufe gerettet werden, vorher is nix mit Erlösung. Taufe im Mutterleib gibts nicht. Da stellt sich nun die Frage, gibst du mir noch was zu trinken?, ob ein tiefgekühlter Embryo nicht streng nach Kirchenrecht das Ergebnis einer kalten Abtreibung ist. Ob man in diesem Fall die Seele schon vor der Geburt retten kann. Ob Abtreibungen getauft werden dürfen, wenn sie nur tief genug gekühlt sind. Und ob jemand, bevor er katholisch getauft werden kann, eine bestimmte Mindesttemperatur haben muß.«

Er sah mich tieftraurig an. »Do best jenau so verröckt wie der da.«

Der da kam beschwingten Ganges wieder zu uns, erklomm den Schemel, nahm einen Schluck Wasser und gurgelte. »Grrmp. Wo waa isch? Ah ja. Also, dä rauschjiftije Jung kann dat Määdsche nit im Ellkahah loswerden, dä eine Vadder is krank, dä andere im Delirigum, da hänk se sisch auf. Un Hoffmanns Willi erbst von seine Tochter alles – achtzischtausend in bar un die Wohnung in Münstereifel. Wert unter Schwestern hundertfuffzisch. Ävve satt. – So. Un wat meint ihr, wat er mit de Wohnung jemach hat?«

Wir schwiegen, eisern und erbarmungslos.

»Verscheuert hat er se. Hier, Hein, in deim Lokal, do drübe an dä Tisch, wie er et letzte Mal hier war. Bar über n Tisch hat er de Wohnung verscheuert. Für fuffzischtausend.«

Ich war stumm und ergriffen und wartete auf das Ende der Geschichte. Vor dem ich mich fürchtete. Hein blies die Wangen auf und ließ die Luft mit einem Knall entweichen.

»Fumsich Mille fier ne Wohnung en Minsterejfel?! En mejner Knejpe? Ech jlaub, mech beharkt n Kolibri!«

»Disch behark jleisch noch janz wat anderes. Dat jeht nämlisch noch weiter. Also wigge. Willi hat sein Tochter einäschern lassen. Wie er dat jemacht hat, weiß isch nit, ävve dä hat et jeschaff, dabei de Urn zu klemme oder zu vertausche. Zuhaus hat er die Asch von sein Tochter in klein Säckschens omjefüllt. Mir hat er jesach, er wär ja schließlisch och n bißjen Schuld an sein Tochter ihr Tod. Un da wär dann so ne Beerdijung in Bonn zu weenisch. Ihr wiß ja, dä kann schon mal so jelehrt labern. War ja och n Lehrer, bis er sich da rausjesoffen hat. Jedenfalls hat er mir jesach: ›Meine Tochter hat eine weitschweifige Beerdigung verdient. Sie soll zu den Elementen heimkehren, aus denen sie gemacht ist. Vier sind es, in der klassischen Sehweise – Feuer, Wasser, Erde, Luft. Se is verbrannt worden; en Teil von ihr is als Rauch in de Luff jejange. En Teil liesch inne Ääd. Et fehlt dat vierte Elemang: Wasse.‹«

Hein holte tief Luft. »Hahhh! Und?«

»Un jetz fliesch er mit dem Jeld um de Welt un verstreut überall von sein Tochter die Asch in die jroße Flüsse. Er nimp imme en paar Säcksche mit Asch mit. Momang, wat hat er jesach? Wo er schon war? Also, am Jangzejang oder wie der heiß, am Janges, am Rhein sowieso, am Tibber, isch jlaub auch am Öifrat. Nääxte Monat, sacht er, fliesch er nach Südamerika. Am Rio de la Plata un beim Amazonas. Un heut, wo isch ihn in Wahn treff, is er jrad aus Ejipte zurück, vum Nil. – – – Na?«

Hein griff stumm zur Cognacflasche und füllte drei Gläser. Das ist immer so, wenn einer eine gute oder furchtbare Geschichte erzählt hat. Hagen strahlte. Ein Punkt mehr für ihn. Er riskierte mit dem Cognac zwar seine Lizenz, aber was ist das schon, verglichen mit dem Leben, dem Tod, der Asche, dem Nil und einer Geschichte?

Ich sagte, um überhaupt etwas zu sagen: »Oh Mann oh Mann. Und ich wollte immer mal nach Gizeh fahren, um der Sphinx Sand in die Augen zu streuen. Aber das schlägt alles. Prost, Hagen.«

Wir tranken auf ihm und seiner Geschichte herum und auf dem Wohl der Hinterbliebenen und der australischen Embryos und der Weltreisen. Hagen zupfte an seiner Nase, strich das Menjoubärtchen und nickte uns zu. Er ging zur Tür. Als er mit dem Blick der vollbusigen Brünetten kollidierte, nahm er einen Moment Haltung an. Dann schlich er zu seinem Taxi.

Hein und ich hockten um den Tresen, tranken und starrten einander wortlos an. Plötzlich begann Hein wieder, seinen Hosenträger zu flitschen. Mit der anderen Hand kratzte er sich im Nacken. Dann hob er die Brauen und sah mich an. »Ech wejß was.«

»Mannchen, nej, sach bloß. Was wejste?«

»Dejne Jeschechte met die jonge Lejt, wo sech nech wollen ombrengen. Moßtu anders aufbauen, de Lejtchen.«

Ich wagte kläglichen Widerspruch. »Ich hab sie aber liebevoll großgezogen und gesäugt; ich will sie nicht einfach massakrieren. Das sollen sie selbst erledigen. Ich hab da Skrupel, mit dem Ergebnis meiner langen Arbeit.«

Hein verdrehte die Augen und schaute gen Himmel. »Der andere Urheber, droben, der hat kejne solche Skrupel nech.«

Ich nickte. »Er hat einen Hang zu perversen Scherzen, das stimmt. Er hat aber auch mehr Geschöpfe zum Auslöschen als ich. – Wie stellst du dir denn meine Geschichte umgebaut vor?«

»Janz ejnfach. Moßtu nech so machen, daß se frisch verliebt send. Tu se em abnehmenden Stadium von Beziehung, wie den Mond. Das wär erstens. Zwejtens kann sech jeder met jedem vertraaren, wenn Sommer est ond man fährt auf ejne Ensel, nach Hawej oder was. Mach se älter, wenn das Leben sech abjenotzt hat ond Resse krecht. Ond laß se Wejhnachten in Minsterejfel fejern. Jarantiert der totale Horror.«

Ich bedachte dies. Sie könnten zum Beispiel in der berühmten Eigentumswohnung hausen, die einer ihrer Väter in einer Bonner Kneipe erstanden und ihnen zur Hochzeit geschenkt hatte, und auf der ein Fluch lag...

»Und du meinst, das bringts?« Im Geiste sah ich das Meer des Chaos sich bäumen und durch die Risse des Lebensgewebes schäumen.

Hein nickte majestätisch. »Das brengts. Jrausen. Absolut kastratophal.«

Wanderlust

(Für Cugel, Gersen, Hetzel, Reith, Ridolph &.)

Mungo Carteret lief den Ziegenpfad hinauf. Unterhalb des Hauses, am Rand der Klippe, blieb er einen Moment stehen und stieg in die Kleider, die er unter dem Arm getragen hatte. Die Haut war trocken, die Atmung leicht beschleunigt. Unten in der Bucht wurden die Schatten kürzer. Der herbstliche Dunst über dem Meer begann sich aufzulösen; nördlich von Alderney stand ein Zweimaster, der mit dem kräftigen Südwest gut vorankam. Der Leuchtturm am kleinen Hafen der Landspitze war ausgeschaltet.

Ehe Carteret die umlaufende Veranda erreichte, roch er den Kaffee. Die Türen von Küche und Bibliothek standen offen. Rhea war nicht zu sehen. Sie schien den Abend am Leser verbracht zu haben; neben dem Gerät lagen *mikrolibros.* Die Ecke für Jüngere Geschichte im Glasschrank war geplündert.

Dann sah er den Brief: einen länglichen grauen Umschlag auf dem Mahagonitisch. Carteret blinzelte, schloß die Augen. ›Calvados‹, dachte er. ›Zweieinhalb Stunden Schlaf.‹ Als er die Augen öffnete, war der Brief noch da. Keine kodierte Mitteilung, entschlüsselt und ausgedruckt vom Kommunikator; kein Teleprint; keine Warensendung aus der Preßluftröhre – ein Brief, beschrieben und vielfach gestempelt.

Carteret ging um den Tisch herum, legte den Kopf schief, blieb stehen und wandte sich an den *kompakt,* der im Kirschbaumregal in einem Totenschädel steckte, unter dem Visifonschirm, über dem Thermodrucker, zwischen dreitausend alten Büchern.

»Etwas Neues, Moloch?«

Der warme Bariton der Maschine hüstelte. »Ein obszöner Anruf. Rhea war die halbe Nacht in der Bibliothek, hat gelesen und leise mit sich selbst geredet.«

»Geht dich und mich nichts an. Löschen, du indiskretes Gerät. Was für ein obszöner Anruf?«

Der Schirm erhellte sich. Carterets entfernte Kusine Pamela du Plessis blinzelte, als der *kompakt* sich meldete; Rhea nahm keine Gespräche entgegen.

»Niemand zuhause, wie? Hör zu, Mungo – ruf mich bald mal an. Ich bin wieder in Atenoa. Ich hab ein paar feine Sachen ausgebuddelt. Du weißt schon, frühe Noastoa*; eine sensationell alberne Aphoristikerin. Und du? Schläfst du immer noch mit deiner Gyniden? Oder kann man dich mal wieder verwenden? Mach's gut, Schätzchen.« Sie blies einen Kuß in ihren Sender und lächelte: weiße Zähne, rote Lippen, Grübchen, grüne Augen, ein wirrer Kupferschopf. Der Bildschirm erlosch.

Carteret grinste und schnippte mit den Fingern. »Alles?«

»Alles.«

»Löschen.«

Der *kompakt* schwieg; Carteret ging zurück zum Tisch und nahm den Brief in die Hand. Der seltene und teure Vorgang – 120 Drachmen für den Transport durch den Raum; ein kodierter Hyperspruch hätte 3 oder 4 Drachmen gekostet –

* »neue Stoa«, Staatsphilosophie des Commonwealth. Ursprünglich wohl aus einer Art »Heimweh nach gegliederter Unordnung« von oft bizarren Denkern unabhängig voneinander gegen Ende der Wirren Jahrhunderte (nach dem Kollaps der Erde und des Verbunds ihrer Kolonien) auf verschiedenen Welten entwickelt; zunächst als »konfuzianisches Freistildenken«, »gräkoromanische Chinoiserie« oder »Windbeutel-Stoa« bezeichnet. Später auf Gaia formalisiert und verbindlich gemacht durch Dorji Dyogen Bahadur (67–181 CT) und Ashme Zuvarov Chou (112–201 CT), die ersten Ordinatoren des *Peripatio* im Rahmen der Großen Akademie von Atenoa. Mit Examen beendetes Studium der Noastoa ist obligatorisch für Staatsdiener, Diplomaten etc.

hatte alle befaßten Stellen dazu animiert, antike Stempel hervorzukramen. Absender war die altehrwürdige Reiseagentur »Viario Cook's« in Atenoa (Bezirk XXIV); mit Stempeln versehen hatten das Schreiben die Zollämter – jeweils Eingang und Ausgang – der Frachthäfen Atenoa/Gaia, Paqranat/Eos V, Shamash/Sirius B XI, Phobos/Sol IV-I und Europort Nord, ferner ein Botendienst in Paris. Vermutlich in Paris war von Hand die galakteinische Standardumschrift korrigiert, der zweite Vorname anglisiert worden.

Dom	Aristide
Aristid Mõgomri Karterè	Montgomery Carteret
Zhobúr	Jobourg
Euro-Fr	
Terra/Sol III	

Langsam, feierlich, fast ehrfürchtig öffnete Carteret den Brief mit einem elfenbeinernen Schlitzer. Der Umschlag enthielt eine Karte (»Als einzige mit antiken Kommunikationsformeln noch vertraute Organisation wurden wir gebeten, dies an Sie weiterzuleiten. Mit Empfehlungen – Cook's, Atenoa XXIV«) und ein Blatt mit dem Kopf einer planetaren Gesandtschaft: RESIDENT VON STB-SETEBOS, ATENOA, GAIA. Der Text war von einem Diktatschreiber mit Standardgraphie gedruckt.

> Dom: –
> Vom SIC* wurden Sie uns als vertrauenswürdig und höchst qualifiziert für diskrete Ermittlungen empfohlen. Ein Bewohner von Stb und somit Bürger des Commonwealth ist im Verlauf einer nicht näher bekannten Forschungsreise verschwunden. Letzter

* Servis Investigativo del Commonwealth, zentrale Ermittlungsbehörde mit Büros und Agenten auf den meisten Welten; im Zweifelsfall den örtlichen Polizeidienststellen übergeordnet.

bekannter Aufenthaltsort war der hydroponische Trakt von Shamash *d*. Es besteht Grund zu der Annahme, daß Qlf sich Richtung Terra bewegte. Eine Einschaltung von Behörden des Commonwealth wurde erwogen und verworfen, da im Fall eines Verbrechens dann eine Ahndung unaufhaltsam wäre, an der uns absolut nicht gelegen ist. Qlf war/ist ein gepriesener Libidetektor; unten ein neueres Abbild. Weitere Bürger von Stb befinden sich, soweit feststellbar, zur Zeit nicht im Sirius-Sektor. Auf Ihr vom SIC genanntes Konto bei der Kargobank, Sherbúr, haben wir *dr* 15 000 überwiesen. Sollten Sie den Auftrag ablehnen, bitten wir um Rücküberweisung. Bei Erledigung erwarten Sie bitte die gleiche Summe noch einmal; außerdem übernehmen wir selbstverständlich Reisekosten und sonstige Spesen.

gez. 3317, Resident

Carteret schnitt eine Grimasse und betrachtete das »Abbild« des verschollenen Libidetektoren von Stb – ein Strunk, ein morscher Weinstock, eine abgeknabberte Zwergtamariske, etwas in der Art. Er legte den Brief auf den Tisch, ging langsam über die Veranda zur Küche, goß sich einen Becher voll Kaffee und kehrte zurück in die Bibliothek.

»Moloch!«

»Edler Herr Mungo?«

»Sind bei der Cargobank in Cherbourg fünfzehntausend Drachmen eingetroffen; wahrscheinlich von der Setebos-Residenz auf Gaia?«

Der *kompakt* schwieg einen Moment. »Bestätigt«, sagte er dann.

»Sehr schön. Was ist ein Libidetektor?«

»Keine Information.«

Carteret nickte und schlürfte von seinem Kaffee. »Hab ich mir fast gedacht. Noch was. Vor ungefähr vier Monaten kam ein Anruf von Qorba Salibi; ich sollte mich wegen irgendwas an ihn wenden.«

»Keine Information.«

»Also gelöscht. Na gut, nicht zu ändern. Hm. Bitte Anfrage an die Nationalbibliothek Paris; alle verfügbaren Daten über Setebos beziehungsweise S-t-b und Bewohner.«

»Alle?«

»Ah. Nnnein. Bereiche Beziehungen zum Commonwealth, Ethnologie, Sozialstruktur, Kriminalität; und Literaturhinweise. Bitte alles ausdrucken.«

»Ganz wie du befiehlst, Durchlaucht.«

»Blöder Apparat.« Carteret nahm den Becher, verließ die Bibliothek und ging auf der Veranda ums Haus. Die Septembersonne stand noch immer tief. Das milchige Beige der Kuppel des Fusionsmeilers, eher zu ahnen als zu sehen hinter dem waldigen Höhenzug im Südosten, war rosa angehaucht. Die halb verschatteten Vierecke der Apfelgärten und Viehweiden zwischen den dichten Hekken glitzerten; ein paar braune Kühe wateten durch das betaute Gras. An der majestätischen Blutbuche lehnte das Fahrrad des dreibeinigen Melkers Tuzimaz.

Rhea stand auf der östlichen Veranda, die Augen geschlossen, die Arme halb erhoben. Sie war barfuß. Das grelle Orange der Nägel und Lippen schien einem Nachmittag angemessener als diesem frühen Herbstmorgen. Der Körper, geformt nach antiken Schönheitsvorstellungen, makellos und von der Farbe kräftigen Kakaos, drang durch das transparente Gewebe des Nachthemds. Die Sonne überzog den kobaltblauen Schopf mit einer unwirklichen Rostschicht.

Sie mußte seine Schritte gehört haben, ließ die Arme sinken, wandte sich ihm zu und öffnete die Augen. »Mungo. Na, gut gesumpft?«

»Vierzigjähriger Calva und tausend feine Lügengeschichten. Der alte Durtain wird immer besser.« Er küßte ihren Mund; die Lippen waren kalt. »Und du? Gut geschlafen?«

»Gelesen. Dann geträumt.« Um die violetten Augen schlang sich ein Netzwerk von Müdigkeit und Melancholie.

»Wieder dasselbe?«

Sie nickte.

Er berührte ihre Wange. »Tut mir leid. Kann ich dir helfen?«

»Nein. Ich liebe dich. Ich werde dich verlassen.« Sie schloß die Augen und wandte das Gesicht wieder der aufsteigenden Sonne zu.

Carteret lehnte sich an das Geländer und starrte in seinen Becher. Er kannte den Traum; soweit man ihn durch Erzählung kennen konnte. Eine gleißende milde Wärme, wie von einer sanften lockenden Sonne. Die neunundsiebzig »Geschwister« träumten denselben Traum wie Rhea, hatten ihn schon geträumt, als sie noch in den Labors unter der Ganymed-Oberfläche waren. Achtzig Gyniden, Androiden und Androgyniden, bestellt und vorab bezahlt, geformt aus entwendetem genetischen Material, gezeugt durch ein Kloning-Programm, geboren in aseptischen Hallen, erwacht im biologischen Alter von etwa zwanzig Jahren. Der Traum war eine Art Geburtstrauma von Nichtgeborenen, Heimweh Heimatloser, Suche Geschichtsloser nach Vergangenheit. Carteret war während einer Scheidungsermittlung für einen Bankier von Vega VII zufällig, ohne jeden Zusammenhang mit seinen Recherchen, auf eine bankrotte Chartergesellschaft gestoßen, die nur noch rostige Kähne besaß und einen nagelneuen, angemieteten Passagierraumer an einen Biochemiker vercharterte. Er war immer dafür, Abwegen nachzugehen, auch wenn sie mit Sicherheit nicht zu seinem eigentlichen Ziel führten. Der Rest war ein Gespräch mit seinem Freund Salibi beim SIC gewesen; und eine Befreiungsaktion. Die Kunstmenschen hatten aus dem beschlagnahmten Vermögen je eine halbe Million Drachmen erhalten, außerdem Pässe und eine synthetische Identität. Für ihn waren *dr* 50 000 an Belohnung abgefallen. Rhea hatte es bei ihm ein halbes Jahr ausgehalten. Die anderen neunundsiebzig waren, dem Vernehmen nach, seit der Befreiung auf rastloser Suche und Wanderschaft.

»Wer hat den Brief gebracht?« sagte er nach einiger Zeit.

»Ein Bote. Gegen acht. Mit Gleiter.« Sie bewegte sich nicht.

Carteret seufzte. »Vielleicht hängt es mit einem Anruf von Kobra zusammen. Vor ein paar Monaten. Er sagte irgendwas wie, wenn ich eine seltsame Anfrage erhalte, soll ich mich an ihn wenden.«

Rhea hob nur die Schultern. Wahrscheinlich wußte sie, daß er versuchte, sie für etwas zu interessieren, aber es interessierte sie nicht. Sie kannte Qorba Salibi, *legat* des SIC, vermutlich bald *kapitán;* Mungos alter Freund aus der gemeinsamen Zeit bei der Flotte und der SIC-Ausbildung hatte den Einsatz auf Ganymed geleitet und sie einen Monat danach in Jobourg besucht.

Er stieß sich vom Geländer ab. »Und alles nur, weil ein paar perverse Schweine spezifischen Lustgewinn suchen«, knurrte er.

Diesmal blickte sie ihn an, mit einem zögernden Lächeln. »Ohne die perversen Schweine gäbe es das Problem nicht. Aber auch nicht mich. Auch nicht die letzten Monate.« Ihre Stimme war rauh.

Bis zum Nachmittag brütete Carteret über den Ausdrucken des *kompakt*. In kurzen Abständen verfluchte er die Wissenschaftler und ihr Kauderwelsch, war ihnen dann wieder beinahe dankbar, da sie ihm offenbarten, wie undurchdringlich das klare und schlichte Galaktein gemacht werden konnte, wenn man nur wollte. Als er aus über 100 Seiten Material die Fakten herausgefiltert hatte, verglich er das, was in seiner Zusammenfassung zwei Seiten ausmachte, mit den Eintragungen in Band LXIII (»Sn-Tf«) des *Lexikons der bewohnten Welten*, ergänzte, strich, korrigierte und lehnte sich schließlich erschöpft zurück. »Moloch!«

»Meister?«

»Datum und Ortszeit Null-Länge Shamash, Null-Länge Gaia.« Er blickte auf den Kalender; in Greenwich war es 15:11 am 20. September 2878 AD, in Jobourg 17:11.

»Shamash gleiches Datum wie Atenoa«, sagte der *kompakt;* es klang fast vorwurfsvoll. »Dritter Juli Vierhundertneun Commonwealth-Tempo. Ortszeit Shamash-Null jetzt elf Uhr vierundneunzig; Ortszeit Atenoa siebzehn Uhr einundsiebzig.«*

Carteret rieb sich die Augen. »Gute Anrufzeit – trotzdem, Kobra und Pamela können warten. Frag mal in Atenoa an, in der Akademie, Seminar für Xenologie. Namen und Adressen, wenn möglich Visifon von Spezialisten für Setebos, wenn vorhanden im Sirius-Sektor. Du weißt schon – möglichst nah.«

»Ich weiß schon, edler Mann. Deine edle Faulheit.« Der *kompakt* gluckste leise. Sekunden später warf er ein Blatt mit elf Namen und Adressen aus.

Carteret nahm es, las und klickte mit der Zunge. »Sieh da«,

* Der 1. Januar 2501 AD fiel mit dem Mittsommertag auf der Nordhalbkugel von Gaia zusammen und wurde zum 1. Januar 1 CT erklärt. Das Gaia-Jahr (12 Monate à 27 Tage à 25 Stunden à 100 Minuten) ist das Standardjahr des Commonwealth.

sagte er halblaut. »Die Erde produziert ja angeblich nur noch beste Weine und melancholische Kunst – aber auch Wissenschaftler; immerhin.« Von den elf in Sachen Stb beschlagenen Xenologen des Sektors lehrten oder forschten neun auf der Erde: Peking, Paris, Oxford, Salamanca, Harvard, Berkeley, Damaskus, Rom, Prag. »Gutes altes Europa.«

Sie redeten nicht sehr viel an diesem Abend. Rhea hatte den Tag damit verbracht, zu denken und zu grübeln, durch die Umgebung zu wandern, letzte Äpfel zu pflücken und zu baden. Carteret hantierte in der Küche und brachte ein eßbares Gemenge aus Äpfeln, Kartoffeln, Rosinen und Geflügelfleisch zustande. Rhea ging früh schlafen. Mitten in der Nacht kam sie in Mungos Schlafzimmer und schlüpfte wortlos in sein Bett. Auch dieser Teil des Abschieds war stumm, von einer seltsamen, fast wütenden Intensität.

Der Robotgleiter kam pünktlich um neun; sie wollte den Abschied nicht verlängern, nicht von Carteret zum Raumhafen gebracht werden. Ihr Gepäck bestand aus einer Leinentasche mit Wäsche, ein paar echten Büchern und sonstigem Kleinkram, Paß, Kreditkarte der Bank von Atenoa, einer Walnuß aus Mungos Garten und einem Blatt der uralten Blutbuche.

»Wenn du feststellst, daß der Traum sich ändert«, sagte Carteret, »daß aus der fernen Sonne der alte Leuchtturm da vorn wird ...«

Sie nickte und ließ seine Hände los. Abends würde ein kleiner Frachter, der auch Passagiere beförderte, Europort Nord verlassen, die riesige Insel aus Stahl und Beton vor der Themsemündung, mit Kurs auf Rigel. Der Gleiter startete.

Mungo Carteret ging langsam zurück ins Haus, saß lange in der Küche, trank viel Kaffee mit viel Calvados und zwang sich, die Außenwelt zur Kenntnis zu nehmen. Er holte den mobilen Schirm, stellte ihn auf den alten Geschirrschrank aus Eiche und konzentrierte sich auf die vom *kompakt* gespeicherten Commonwealth-Nachrichten des Satelliten. Erdbeben im Süden von Kurilistan/Thutmes v; ein Landungsunternehmen der Flotte gegen eine ausufernd brutale Diktatur auf Zarbany/Jagnath VIII; eine Rede der Lordkanzlerin vor dem Rat der Welten – die Chefin der Administration bat das Parlament dringend, die Budgetdebatten endlich zum Abschluß zu bringen. Unter Beifall und Gelächter zitierte sie Dorji Dyogen Bahadur, mit einer Ergänzung. »Auch für Mitglieder der Regierung gilt diese Bemerkung der Noastoa: Jeden Morgen gelassen und heiter feststellen, daß die Scheußlichkeit des Kosmos unvermindert andauert. Oder auch: Jeden Tag im Rat der Welten gelassen und heiter feststellen, daß die Sturheit der Deputierten unvermindert den Weg zu Wichtigerem blockiert.«

Carteret grinste matt, schaltete aus, duschte, zog frische Sachen an und stürzte sich in die Arbeit. Er war noch immer nicht sicher, daß er den Auftrag übernehmen wollte, wußte aber, daß er irgend etwas tun mußte. Wieder überflog er seine Zusammenfassung und bemühte sich, die wichtigsten Fakten im Kopf zu behalten.

Stb/Legua II wurde 149 CT von einem Kartographenschiff entdeckt. Es dauerte einige Zeit, bis die Forscher begriffen, daß der Planet intelligentes Leben trug; zunächst hatte man die wandernden Strünke für unbeseelte Flora gehalten. Die Linguisten des Schiffs stellten fest, daß gewisse Zisch-, Knack- oder Knurrlaute hörbar wurden, wenn man sich den Strünken näherte; die Definition dieser wahrnehmbaren Geräusche als »Konsonanten« war waghalsig, lieferte aber eine brauchbare Arbeitshypothese. Unhörbare »Vokale« wurden mit Hilfe der zahlreichen Apparate der Linguisten gesucht und gefunden: im Infra- bzw. Ultraschallbereich. Schwingungsmodulatoren machten diese Töne für Menschen halbwegs hörbar und stellten sie graphisch dar; sehr bald kam man über die gegenseitige Benennung einfacher Gegenstände zu einer Basiskommunikation, auf der sich aufbauen ließ. Das hörbare *stb*, mit dem die Strünke – die sich *qlf* nannten – ihre Welt bezeichneten, wurde von einem literarisch bewanderten Linguisten zu *Setebos*, das *qlf* unweigerlich zu *Kaliban* gemacht.

In der kommentierenden Darstellung des *Lexikons der bewohnten Welten* hieß es:

> Erwachsene *qlf* werden zwischen 1,80 m und 2,20 m groß; nach eigener Auskunft beträgt die mittlere Lebenserwartung ca. 160 Standardjahre (Gaia). Dank ihrer flexiblen Sprechorgane können sie sich anderen Commonwealth-Bewohnern im hörbaren Bereich verständlich machen, neigen jedoch dazu, Vokale entweder auszulassen oder sämtlich durch einen unverbindlichen *shwa*-Laut zu ersetzen. »Gib mir mal das Messer, Josef« könnte etwa lauten: *kp mrr mlts msr zzf* ...
>
> Die *qlf* verfügen über eine uralte mündliche Kultur, aber keinerlei Zivilisation; auch Bauten wurden auf *stb* nie errichtet, da die *qlf* absolut witterungsresistent sind. Über die Bedeutung der »Heiligen Höhlen« wurde viel spekuliert, vgl. dazu § 9 ...
>
> Seit Beitritt zum Commonwealth (174 CT) ist Setebos die Welt mit dem höchsten pro-Kopf-Einkommen der Galaxis: 1,25 Mio *dr* entfallen jährlich im Schnitt auf jeden Kaliban. Die Konzessionen zur Aus-

beutung der Meere von Setebos – reich an Manganknollen, Uran, gelöstem Gold etc. – tragen etwa 10 Milliarden *dr* p. a. ein, und die Zahl der Kaliban liegt um die 8000 Individuen.

Dies ist gleichzeitig das größte Problem der seltsamen Rasse. Die Fortpflanzung erfolgt durch Sporen, die von alten, unbeweglich gewordenen Individuen gehegt werden, bis die »Sprößlinge« nach drei bis vier Jahren ca. 65 cm groß und »autonom« sind... Das Kernproblem der »Zufallssexualität« konnte bisher auch durch Einsatz modernster Forschungs- und Manipulationsmethoden nicht gelöst werden. Kaliban verfügen über fünf verschiedene Geschlechtsorgane; im jährlichen Wechsel ist eines davon aktiv, die übrigen vier passiv. D.h. es gibt fünf Geschlechter, und kein *qlf*-Individuum weiß, welchem Geschlecht er im nächsten Jahr angehören wird. Sexuelle Betätigung ist jederzeit möglich und führt zu für Humanoide unvorstellbar intensiven Formen des Lustgewinns (vgl. Stichwort »orgasmische Hibernation« unter § 11 b); zur Fortpflanzung müssen sich jedoch Angehörige aller fünf Geschlechter zu einem *penton* zusammenschließen. Erst dann werden lebensfähige Sporen erzeugt. Es hat jedoch Jahre gegeben, in denen auf ganz Setebos nur vier oder sogar nur drei Geschlechter zu finden waren. Hypothesen über Zusammenhänge zwischen diesem Phänomen und Dingen wie Ernährung, Witterung, Sonnenaktivität o.ä. führten bisher zu nichts...

Neben der Erstellung eines bizarren Korpus von mündlicher Literatur (gestützt auf ein Kollektivgedächtnis) und der auch durch Schwingungsmodulatoren nicht erfaßbaren Komposition umfangreicher

> Tonwerke gibt es auch Skulpturen, Bodenritzungen, Felsschnitzereien etc.; die feinen astähnlichen Tentakel der *qlf* könnten sie zu den besten und teuersten Mikromechanikern des Commonwealth machen. Daran sind die *qlf* jedoch völlig desinteressiert; ihr Lebensziel scheint ausschließlich Lustgewinn und die wandernde Suche nach den vier anderen Geschlechtern zu sein ...

Carteret fragte sich, was die kleine bedürfnislose Rasse mit den ungeheuren Geldsummen anstellen mochte, die jedes Jahr von den Prospektorfirmen gezahlt wurden. Vielleicht bezogen sie exotische Genüsse aus der Galaxis; andererseits hatten die *qlf* offenbar selbst bei der Nahrungssuche Lustgefühle. Den Unterlagen zufolge wanderten sie auf Pseudopodien über die Festländer ihrer Welt, bildeten bei Bedarf Wurzeln aus und steckten diese ins Erdreich, nahmen Flüssigkeit und Nährstoffe auf, entdeckten aber auch unverdauliche Edelablagerungen wie Metalladern o. ä., und diese Entdekkung verursachte Spasmen, deren Lösung mit einem Humanorgasmus verglichen wurde. (Empfindungen bei sexuellen Kontakten mit anderen *qlf* seien, wie mehrfach wiederholt wurde, unvergleichlich.) Hier fand Carteret auch die rätselhaften »Libidetektoren«, von Mitarbeitern spöttisch auch »Abgänger« genannt: Einzelne *qlf* verließen gelegentlich Setebos und bereisten fremde Welten, meist im Auftrag von Prospektoren, um dort ihrer Lust zu frönen und verborgene Edelmetallvorkommen zu »wittern«.

Am späten Nachmittag, immer noch bei Kaffee und Calvados, rang er sich dazu durch, den Auftrag anzunehmen, teils aus Interesse an der Fremdartigkeit des Verschollenen, teils aus einer Art Verzweiflung. Er informierte die Setebos-Residenz auf Gaia per *kompakt* von seinem Beschluß;

danach ließ er den Moloch die Sektorzentrale des SIC auf Shamash anwählen. »Dringendes Gespräch für *legat* Qorba Salibi«, sagte der *kompakt.*

Leutnant Salibi, über Papier brütend, meldete sich. »Ja, was zum Teufel?« Er blickte nicht einmal hoch.

»Mungo an Kobra.« Der alte Scherz schmeckte schal; es mochte auch an dem überladenen Kaffee liegen. Oder am Gemüt.

»Ah, Dom Carteret. Na, steht's oder hängt's?«

»Es baumelt. Und selber?«

Salibi rieb sich die Augen und deutete auf den Papierberg. »Es türmt sich. Du hast wahrscheinlich davon gehört ...«

Carteret schüttelte den Kopf.

»Galaktischer Generaldung«, sagte Salibi. »Dieser Doppelschmuggel, XPD *high speed* – übles Rauschgift in hohlen Platinbarren, unterstützt von einem Dutzend korrupter SIC-Leute.«

»Ach du grüne Grütze. Und du mußt das bearbeiten?«

»Ja. Faß dich also bitte kurz; es sei denn, du hast einen neuen Witz zu erzählen.«

Carteret grinste schwach. »Keine Zeit für neue Witze. Es geht um Setebos. Hast du mir das eingebrockt?«

»So ungefähr. Nett, oder? Strünke hast du bisher noch nie gesucht.« Salibi beugte sich vor. »Wir, damit meine ich den SIC, können nichts tun. Wenn wir nämlich feststellen, daß dieser verschwundene Kaliban was Böses getan hat, oder daß er umgebracht wurde oder so, müssen wir die üblichen Schritte einleiten. Setebos will aber nur wissen, was mit ihm passiert ist – keine Strafsache, nichts. Also haben sie ihn nicht mal als vermißt gemeldet.«

»Hast du einen Tip für mich?«

Salibi breitete die Arme aus. »Nix, Junge. Letzter bekannter Aufenthaltsort Shamash Delta, das ist alles.«

»Das ist doch ein Satellit für Frachtumschlag, oder?«

»Kluges Kerlchen. Vielleicht hat der Kaliban versucht, sich als Riesenporree verschiffen zu lassen. Keine Ahnung, Mann.«

Nach dem Ende des Gesprächs notierte Carteret das Wort VAKUUM, versah es mit einem Fragezeichen und rief dann Pamela du Plessis in Atenoa an, wo es inzwischen früher Abend war. Über Jobourg hing bereits mondloses Dunkel. Der Kommunikator übermittelte die üblichen Summtöne; Pamela war also zuhause, meldete sich jedoch erst nach etwa einer Minute, ohne den Bildteil zuzuschalten. »Ja?«

»Dein Stiefzwilling, Schatz.«

»Ah, Mungo Mungito.« Das Bild kam; Pamela war nackt und naß und lächelte. »Ich war unter der Dusche. Na?«

»Optisch bestens. Ansonsten eher elliptisch.« Er hob die fast leere Calvadosflasche.

»Elliptisch?« Sie runzelte die Stirn. »Nach Ashme Zuvarov Zustand der Selbstentfremdung, Ende erotischer Konzentrik, asymptotische Null? Huch. Moment. Mir wird kalt.« Sie verschwand, kehrte mit einem Bademantel zurück. »Also Ende? So war die Frage gestern, eh, vorgestern nicht gemeint. Tut mir leid.« Dann lächelte sie wieder. »Aber gut so. Gut so *und* tut mir leid; wenn du das verstehst. Ellipse und derlei. Aber monogam warst du unausstehlich.«

Carteret zuckte mit den Schultern. »Ändert sich ab sofort. Hör mal, ich hab einen schrägen Auftrag angenommen und brauch ein Orakel.«

»Was du brauchst, ist ein Besuch von mir und ein paar Tage in der Gobi, mit Jurte und Doppelschlafsack.«

»Gute Idee. Wann?«

»Ich kann nicht weg. Komm du doch her.«

»Wenn ich den Job erledigt hab. Je besser dein Orakel, um so schneller.«

»Immer die alten Scherze. Hat das denn jemals was gebracht?«

»Aber sicher. Weise Sprüche obskurer Noastoiker haben mich oft auf wundersame Abwege geführt. Manchmal sogar zum Ziel.«

»Na gut.« Sie seufzte. »Worum geht es?«

»Sag ich dir hinterher.«

»Wie du meinst. Moment. Ein Teil der neuen Funde ist schon gespeichert. Mal sehen, was das Orakel sagt.« Sie verließ den Bildbereich.

Carteret wartete. Es war ein altes Spiel, das sie seit Jahren spielten; wie frühere Generationen blindlings die Bibel aufgeschlagen hatten. Aus Pamelas Textspeicher mit Noastoa-Sentenzen suchte ein Zufallsprogramm drei »Sprüche zum Tage« heraus.

»Aha. Oho. Paß auf.« Pamela hielt ein Blatt hoch. Sie grinste mehrdeutig. »Der Apparat scheint deinen Calva-Konsum gerochen zu haben und empfiehlt Wechsel. ›Im Wein ist nicht mehr Wahrheit als im Trinker; unter optimalen Bedingungen kann Wein jedoch die Lust ersprießlichen Lügens erhöhen.‹ Brauchbar?«

»Na ja.«

»Nummer zwei. ›Du bist eine Flasche ohne Etikett und deine eigene Fülle; ob dein Inhalt anderen als Essig oder Burgunder erscheint, hängt auch von deiner Überzeugungskraft beim Schlürfen ab.‹ Holla.«

Carteret lachte. »Schon besser.«

»Nummer drei. Du liebe Güte. ›Wenn die Beere Traube wäre, die Traube der Weinstock, der Weinstock der Weinberg und der Weinberg die Welt, gäbe es kein individuelles Abweichen mehr, sondern nur noch kollektiven Suff.‹ Die Maschine spinnt. So, jetzt erzähl aber, was du wieder ausschnüffeln mußt.«

Zwei Tage lang badete Carteret in fast eineinhalb Jahrtausenden Kultur und Wissenschaft. Sein Gesamtbefinden besserte sich, aber hinsichtlich möglicher Verschwindensmotive des reisenden Kaliban wurde er nicht klüger. Professor Malcolm Hidegkuti empfing ihn in seinem dunkel getäfelten Arbeitsraum im Balliol-College, stellte und beantwortete Fragen, erging sich in klugen und nutzlosen Verknüpfungen, tastete sich durch mutmaßliche Ähnlichkeiten zwischen der Metaphysik des Todes bei den Kamtschadalen und der Pataphysik der Lust bei den Kaliban. Carteret lernte viel, genoß die Atmosphäre der uralten Gebäude, der gepflegten Greens, der Bibliotheken, verbrachte die Nächte in einem Fachwerkhotel auf der anderen Seite des Flusses und flog am Morgen des dritten Tags mit seinem Gleiter nach Süden. Hidegkuti hatte ihm geraten, Professor Giacomo Smythe S.J. in Rom aufzusuchen, aber Carteret verspürte keine Lust, mit einem gregorianischen Jesuiten zu debattieren. Er sah voraus, daß ein großer Teil von Smythes Forschungen und Äußerungen sich um das Verbot der Mission auf Fremdwelten drehen würde, und welche Dinge möglich wären, wenn sie möglich wären. Sollte er nirgends fündig werden, konnte er immer noch den Vatikan konsultieren.

Die xenologische Abteilung der Sorbonne war in zwei Nebenräumen der Ethnologie untergebracht; nach zweistündigem Gespräch dankte Carteret Prof. Maria Molo-Moltke, aß in einem kleinen Restaurant und wanderte eine Weile das linke Seine-Ufer entlang. Er sah einem Farandiner zu, der in einem wurmstichigen Kahn hockte und angelte; um sein drittes Bein hatte er ein Seil geschlungen. Angehörige dieser seltsamen Rasse waren reiselustig, ohne je innige Kontakte zu knüpfen. Mungo kannte nur Durtains Melker Tuzimaz näher, und mit diesem hatte er im Lauf von zwei Jahren kein Wort gewechselt. Irgendwann zupfte der Farandiner an dem Seil und zerrte einen Pferdekopf aus dem Fluß, nahm drei Aale heraus und warf die halbverweste Reuse wieder ins Wasser. Er verstaute die Fische in einem Korb und wippte elegant durchs Boot; der an ein Seepferd erinnernde Oberkörper mit den Schlangenarmen bückte sich, kreiselte, richtete sich auf, während der Schemel des Unterleibs wie aus dem Holz des Kahns gewachsen starr blieb.

Es gab viele Fremde in Paris. Von den 150 000 Einwohnern der größten Stadt Mitteleuropas mochte gut ein Viertel von anderen Welten stammen. Die meisten waren anthropoid, oft umweltangepaßte Nachfahren irdischer Kolonisten, aber vermutlich würde nicht einmal ein Kaliban besonders auffallen. Carteret hob die Schultern und ging zu seinem Gleiter.

Die dichten Wälder des Distrikts Frankreich blieben unter ihm zurück; am späten Nachmittag überflog er die Pyrenäen, entschied sich gegen die geplante Übernachtung in Pamplona und änderte den Kurs. Um halb zehn erreichte er Salamanca, fand ein Hotel in der Nähe des Großen Platzes und hockte bis nach Mitternacht bei Wein, Fisch und Lammbraten in einem der uralten Lokale unter den Arkaden der Plaza. Auf dem Nachttisch in seinem Hotelzimmer sah er einen Lederband mit Zitaten und längeren Auszügen der wichtigsten Noastoiker, bemühte sich vergebens, einen Weg durch die komplizierten Erörterungen des Essentiellen Kerns* zu finden und nahm zwei Sprüche von Ashme Zuvarov Chou mit in seine Träume: »Man kann aus Versehen glücklich werden und aus Dummheit klug, aber nicht durch Denken gescheit« und

* Zentralbegriff der Noastoa; sucht die Irrationalität (Gefühle, metaphysisches Bedürfnis etc.) und ihre Bedeutung für Individuum und Gesellschaft durch definitorische Ausgliederung faßbar zu machen und durch verschiedene Techniken analytischer Meditation im Sinne noastoischer Selbstdisziplin zu beherrschen. Unerforschte Irrationalität einzelner belastet die auf rationalem Konsens beruhende Gesellschaft; Bekanntgabe des erforschten essentiellen Kerns einer Person lädt zu Manipulation und Mißbrauch ein. Laut Bahadur ist der *nukleo* »*Atom*, unteilbar, somit un-mitteilbar.«

»Ordnung ist Chaos mit Zwangsjacke. Wenn die Maximen deines Handelns Grundlage einer allgemeinen Gesetzgebung werden können, mußt du entweder irrsinnig sein oder geistig amorph. Wo diese beiden Zustände ineinander übergehen, findet Philosophie statt.«

Morgens fühlte er sich zerschlagen und reichlich amorph, nach wirren Träumen, in denen Pamelas Dusche, Rheas Sonne und eine Invasion wandernder Broccoli ihn behelligt hatten. Erst am späten Vormittag war er in der Lage, sich wieder mit Xenologie zu befassen.

Das Seminar befand sich im ältesten Teil der 1650 Jahre alten Universität. Die Spezialistin mochte 33 sein, wie Carteret. Professor Dr. Dr. Aviva Tshitshagov war groß, üppig, aschblond und hatte darauf verzichtet, das irgendwann einmal gebrochene Nasenbein richten zu lassen. Sie betrachtete Carteret aufmerksam mit ihren glasgrünen Augen; Mungo fand den Blick hungrig und wünschte sich, er hätte geduscht und wäre nicht derart unrasiert.

»Ich weiß nicht, ob ich Ihnen helfen kann«, sagte sie. Dann leckte sie sich die Lippen und ließ sich auf einem verchromten Schemel nieder. Der Arbeitsraum – die antike Täfelung war an einer Stelle neben dem mittleren Fenster aufgebrochen und zeigte uralte Steine – enthielt übervolle Eichenregale mit alten Büchern, Glasschränke mit *mikrolibros,* Stapel mit Ausdrucken, einen glitzernden Terminal für eine Art *ultrakompakt* und einen halboffenen Schrank mit Bildabzügen, Röhrchen und Präparaten. »Eigentlich bin ich Xenobiologin; was Sie brauchen, ist ein Xenokriminalist.«

»Das Kriminelle übernehme ich gern – wenn ich nur erst einmal genügend Fakten hätte.«

»Was für Fakten?«

Carteret kratzte sich den Kopf und setzte sich auf den Holzboden, da es keine weitere Sitzmöglichkeit gab. »Zum

Beispiel Fakten, nicht metaphorische Mutmaßungen über die Körperchemie der Kaliban. Was geschieht wirklich mit ihnen, wenn sie ihren Gelüsten nachgehen. Wie leben sie auf anderen Welten. Brauchen sie Druckanzüge, vertragen sie niedrige Gravitation, derlei. Ein praktisches Beispiel, vielleicht: Der Gesuchte – das Gesuchte? – hielt sich zuletzt im hydroponischen Areal eines Satelliten auf, der zum Frachtumschlag dient. Was will ein Kaliban in der Hydroponie? Und: Außerhalb des hydroponischen Trakts liegen Bereiche unterschiedlicher Schwerkraft und unterschiedlicher Luft – je nach zu lagernden Waren und den Bedingungen ihrer Herkunftswelten. Wenn ich wüßte, wie ein Kaliban biologisch funktioniert, könnte ich versuchen, seinen Weg zu rekonstruieren. Wenn er, sagen wir, eine heiße Methanatmosphäre plus drei bis vier Gravos verträgt ...«

Aviva Tshitshagov nickte, holte tief Luft und begann zu reden. Sie redete schnell und ausdauernd; zwischendurch befeuchtete sie die Lippen mit der Zunge. Die Kaliban, erfuhr Carteret, seien Sauerstoffatmer; die Atmosphäre von Setebos sei dünner, die Schwerkraft geringer, aber im Prinzip gehöre Setebos zum Terratyp. Die Körperoberfläche der Kaliban weise Ähnlichkeiten mit irdischen Hartholzarten auf; zwar könne ein Kaliban kurze Zeit hohe Gravitation und fremde Atmosphären ertragen, sogar bis zu einer Stunde das Vakuum des Weltraums überleben, aber ätzende Atmosphären seien undenkbar.

Sie wandte sich dem Terminal zu; die Finger huschten über die Tasten. Auf dem Schirm erschien die Spitze – der »Kopf« – eines Kaliban.

»Jetzt wird es schwierig – vor allem sprachlich. Für die diversen Organe gibt es natürlich keine Entsprechungen; deshalb müssen wir uns entweder mit Umschreibungen behelfen, oder wir übernehmen entstellte Wörter aus ihrer –

tja, Sprache. Damit wir uns nicht die Zunge an Konsonanten aufsplittern, haben wir den für uns unhörbaren Bereich ihrer Vokale, wenn man sie so nennen will, in fünf Stufen unterteilt. Dabei geben wir Tausende differenzierte Schwingungen jeweils durch einen Laut wieder – entsetzlich primitiv, aber wie sonst? Die fünf Stufen sind i, e, a, o, u; arbiträr, natürlich, nur eine Krücke. Der höchste Bereich wäre i, der niedrigste u. Klar?«

Carteret nickte stumm.

»Gut. Dies hier.« Ein länglicher Schlitz im Kaliban-»Kopf« wurde auf dem Schirm vergrößert. »Die Sprechöffnung, *khunif.* Das da ist die Optik – Augen, wenn man so will.« Ein den ganzen oberen Teil des Strunks umgebender Kranz haarfeiner »Ästchen« wurde vergrößert. »Eigentlich Auge *und* Ohr – *falafqef.* Sie sehen Infrarot und Radiowellen aller Frequenzen. Aus allen Richtungen gleichzeitig. Das Gehirn, wenn man es so nennen will, zieht sich durch den ganzen Körper – wie Mark.« Drei Halbkreise, wie halbgeöffnete Taschen. »Die Atemhöhlen – *nuqit.*« Es folgten die Pseudopodien zur Fortbewegung, flexibel und veränderbar; die feinen »Wurzeln« zur Nahrungsaufnahme, die in Körperhöhlen – *qintuqfit* – zurückgezogen werden konnten; die vielgestaltigen »Finger«, Tentakelspitzen.

»All dies«, sagte Tshitshagov mit einem kaum merklichen Unterton des Bedauerns, »steckt voll sensorischer Nerven und dient auch und besonders der sexuellen Stimulation. Kommen wir zu den eigentlichen Geschlechtsorganen.«

Eine mit kleinen weichen Plättchen gefüllte Höhlung: »Organ des ersten Genus *khelap;* die Höhle nennt sich *qenufur.*« Eine Art verzwirbelten Schlauchs mit Verdickungen, an der Spitze verjüngt, aber auch zu einer Höhle aufblähbar: »Das zweite Genus ist *kinip;* das kennzeichnende Organ – kennzeichnend falls aktiv – ist *paqukhat.*« Eine fransige Öse, die auch gewölbte Schlinge oder Stulpwulst werden konnte: »Genus drei heißt *kharep;* der Name des Organs ist *qukiqurrup.*« Genus vier, *funup,* prägte eine fast kreisförmige Muffe aus, in deren Mitte ein winziger Stachel saß, der bei Aktivierung zur fünfzigfachen Größe anschwellen konnte. »Der Name ist *kholpelef.*« Genus fünf schließlich, *tefep,* wies einen *tiqutafat* genannten Stachelball mit unzähligen Höhlungen auf; Stacheln und Höhlen waren im Zustand der Aktiviertheit um ein Vielfaches zu vergrößern. Jedes Kaliban verfügte über all diese Organe – passiv.

»Die erotischen Amplituden sind unvorstellbar.« Aviva Tshitshagov seufzte. »Die energetische Spannung und Entladung eines Kaliban, das beispielsweise mit den Wurzeln Spuren von Öl oder Uran findet, liegt meßbar bereits im oberen Bereich dessen, was bei uns, hm, bei einem normalen Orgasmus geschieht. Nun sind Kaliban sehr beweglich; und Lustgewinn ist nicht abhängig von voller Aktivierung aller Organe. Ein *khelap* zum Beispiel kann Tentakelspitzen in sein *qenufur* einführen oder sich ohne Mühe den nicht aktivierten *paqukhat* ins *qenufur* stoßen. Diese Verbindung eines Kaliban mit sich selbst nennen wir Monon.«

»Mononanie«, sagte Carteret. Er grinste leicht.

»Wenn es sein muß. Aber was dabei an Entladung frei wird, ist das Vierfache des besten Menschenmöglichen. Wenn sich zwei Kaliban zu einem Bion zusammenschließen, erreichen wir die obere Grenze der Skala. Und bei einem Trion dreier Kaliban müssen wir, um überhaupt etwas messen zu können, eine Skala verwenden, auf der ein menschlicher Orgasmus bestenfalls eine mikroskopische Zuckung im Nullbereich ist.«

»Bedauernswerte Geschöpfe, wir«, sagte Carteret. »Aber immerhin; wenig ist besser als nichts.«

Sie schien ihn nicht gehört zu haben. »Beachten Sie diese –

wie soll man sagen, Knopfleiste. Das ist das Geheimnis der Fortpflanzung der Kaliban. Wenn alle fünf Genera sich zusammenfinden, schwellen die verkümmerten Knöpfchen auf und sondern ein Sekret ab. Man könnte von Harzdrüsen und einem von diesen produzierten Harzhumus sprechen. In diesem Humus, einer erdigen Gerinnungsmasse, werden die von allen Genera produzierten Sporen befruchtet und lebensfähig stabilisiert. Wie gesagt: Diese Absonderung der Harzdrüsen findet nur bei einem vollkommenen Penton statt. Und nach Aussagen der Kaliban ist die gemeinsame Absonderung des Harzes die allerhöchste Lust. Das heißt, nicht eigentlich die Absonderung, sondern die Wirkung des abgesonderten Sekrets nach Gerinnung auf der Körperoberfläche.« Sie holte wieder tief Luft, rutschte unruhig hin und her und ergänzte ihre Ausführungen durch eine Reihe Beschreibungen dessen, was mit den kalibanischen Geschlechtsorganen, Tentakeln, Sprech- und Atemöffnungen, Wurzelhöhlen und so weiter möglich war: streicheln, stülpen, stoßen, malmen, reißen, reiben, saugen, vibrieren, zwicken, pendeln ... Carteret nahm eine Serie kalibanischer Verben (wenn es solche waren) zur Kenntnis: *tiqtus, qatifnes, khoqorretas, khukhuqtus, piqosnis ...*

»Das macht mich ganz – nervös«, sagte er schließlich leise.

Aviva Tshitshagov blinzelte. »Ich habe heute nachmittag drei Vorlesungen.« Sie hüstelte. »Wollten Sie mich eben fragen, ob ich Sie heute abend in Ihrem Hotel besuche?«

»Ich werde heftig duschen.« Carteret lächelte und warf einen Blick auf seine Notizen. »Ich bin ganz wild darauf, Ihre *qintuqfit* mit meinem *khunif* zu erforschen.«

Nachts erzählte sie von ihren Eindrücken bei der Betrachtung eines Films, auf dem zu sehen war, wie bei einem Tetron ohne *funup* der *qukiqurrup* eines *kharep* den passiven *paqukhat* eines *khelap* einer langwierigen *qatifnes*-Behandlung unterzog, während gleichzeitig das *tefep* im *kholpelef* des *khelap* herum*khukhuqtus*te, das *kinip* den *qukiqurrup* des *kharep* ausdauernd be*piqosnis*te, dabei seinen halbaktiven *tiqutafat* mit dem aktiven des *tefep* in einer Mischung von *qatifnes* und *khoqorretas* verband...

»Die ultimate Pornographie«, sagte Carteret erschöpft.

»Aus diesem Blickwinkel hab ich das noch nicht betrachtet.« Sie kicherte. »Aber du hast recht. Wie wär's denn jetzt mit ein bißchen *tiqtus* oder *qataqutinniqus* von *kholpelef*, *qukiqurrup* und *khunif?*«

»Aber vorsichtig!«

Später entdeckte Aviva den Band mit Noastoa-Zitaten auf dem Nachttisch und berichtete von einer Setebos-Expedition, an der sie als Studentin teilgenommen hatte. »Biologisch«, sagte sie nachdenklich, »war das ja alles kompliziert, stimulierend und nur mit Mühe zu erfassen, aber die Geisteswissenschaftler haben mir leid getan. Eine uralte zynische Rasse, die Kaliban.« Zur Ermittlung gemeinsamer Denkkonstanten hatte man einer Gruppe älterer Kaliban, die mühelos Sprache und Schrift der Wissenschaftler aufnehmen konnten, ausgewählte Texte von Platon über Descartes und Heidegger bis zu McTusky, den Metatropikern, osirischem Exo-Zen und den gaianischen Vertretern der katalektischen Osmotik und der astrukturellen Megalyse vorgelegt. »Sie haben sich, übertragen gesprochen, vor Lachen ausgeschüttet. Marx war ein besonders guter Witz, piTanagra und Heidegger offenbar abstruse Kalauer, Luzinga und Nietzsche alberner Kitsch. Buddha ging halbwegs, Kungtse ziemlich gut, ebenso Seneca. Erstaunlich war die Reaktion der Kaliban auf die Noastoa – das konnten sie hinnehmen. Obwohl« – sie setzte sich auf und lachte leise – »da auch Probleme auftauchten. Moment, mal sehen, ob es drin steht.« Sie blätterte in dem Buch.

»Ah. Das ist es. Kernsatz von Dorji Dyogen Bahadur. ›Der Mensch ist ein Pfuhl, in den unausgesetzt Menschen und Umstände pissen. Philosophen erklären, die Wellen seien ausgelöst durch den Einschlag des Steins der Weisen, wiewohl dieser immateriell sein müsse; Psychologen halten die Wellen für den ganzen Pfuhl; Religionen wollen die Oberfläche durch Gebet glätten und die Beimengungen fortmeditieren. Die Noastoa trinkt aus diesem Gewässer.‹«

Sie klappte das Buch zu, legte es weg und stützte sich auf den Ellenbogen. »Erklär das mal ein paar Vertretern einer Rasse, die weder orale Nahrungsaufnahme kennt noch zwischen verschiedenen Formen des Denkens unterscheidet. Kaliban, die fünf verschiedene Geschlechtsorgane haben, deren Benutzung nie tabuisiert worden ist, und die keine Ausscheidung körpereigener Abfallprodukte kennen. Und *die* sollen, selbst wenn man ihnen den immateriell einschlagenden Stein der Weisen erläutert hat, das Gemenge aus Philosophie, Tabus, Ekel und Lust begreifen, das mit dem Wörtchen ›pissen‹ verbunden ist, und mit dem einen armseligen Organ, das gleichzeitig zeugt und ausscheidet?«

Carteret schloß die Augen. »Das heißt, umgekehrt, daß wir nicht die Spur eines Hauchs einer mikroskopischen Möglichkeit haben, jemals zu begreifen, was in einem Kaliban vor sich geht.«

»So ist es, du armer Kriminalist. Wenn du Glück hast, ist dein Kaliban von einem Anthropoiden mit faßbaren Motiven umgebracht worden – aus Abscheu, Xenophobie, Gedankenlosigkeit, Platzangst, oder weil das Kaliban zuviel Geld bei sich hatte. Wenn du Pech hast, hatte das Kaliban ein gutes persönliches Motiv, einfach zu verschwinden. Und dann« – sie beugte sich vor und bohrte ihren Zeigefinger in Mungos Nabel – »wirst du es niemals finden.«

Er nahm den Finger und berührte ihn mit der Zunge. »Es

sei denn«, murmelte er, »es gäbe Spuren – die klassische Spurensuche, weißt du.«

»Abdrücke der Pseudopodien auf dem Stahlboden eines Satelliten?«

Er richtete sich auf. »Wenn das Kaliban tatsächlich in den hydroponischen Gärten war – was wird es da gewollt haben? Luft, klar; aber hat es vielleicht einfach – gegessen?«

Aviva Tshitshagov kniff die Augen zusammen und rümpfte die krumme Nase. »Ja, natürlich. Wieso? Es wird gegessen haben. Wurzeln ausgefahren und derlei. Warum?«

»Was nehmen Kaliban zu sich?«

Sie hob die Schultern. »Allerhand. Wasser, Mineralien, was du willst.«

»Irgendwas besonders gern oder viel?«

Sie zögerte. »Kalzium«, sagte sie dann. »Das könnte etwas sein. Ein drastischer Kalziummangel in hydroponischen Nährböden müßte sich feststellen lassen.«

In Jobourg fand Mungo Carteret eine Nachricht des Residenten von Setebos in Atenoa vor. Er dankte für die Übernahme des Auftrags und bat, »etwa aufzufindende Überreste« unbedingt zu konservieren und an die Residenz auf Gaia zu schicken, »keinesfalls unmittelbar nach Setebos«.

Inzwischen war er sicher zu wissen, weshalb der (oder das?) offizielle Vertreter von Setebos – er/es mußte sich sehr einsam und lustlos fühlen, auf Gaia – den umständlichen Briefweg gewählt hatte. Auch ein kodierter Hyperspruch konnte abgehört werden, und offenbar sollte wirklich alles diskret verlaufen; außerdem war nicht auszuschließen, daß jemand, der einen derartigen Spruch abfing und entschlüsselte, auf eigene Faust das Kaliban suchte, um durch Erpressung einen Teil der ungeheuren Geldbestände von Setebos zu bekommen. Es genügte sogar die bloße Behauptung, das tatsächlich unauffindbare Kaliban in der Gewalt zu haben – wenn die Kaliban auf diese Weise erpreßbar waren.

»Aber was soll das jetzt – Überreste konservieren und auf keinen Fall nach Setebos direkt liefern?« sagte er.

Auf dem Schirm sah er Aviva Tshitshagov angespannt denken.

»Keine Ahnung«, sagte sie schließlich langsam. »Aber es ist seltsam. Eigentlich müßte alles unbedingt sofort nach Setebos.«

»Wieso?«

»Wegen des Kollektivgedächtnisses.«

Carteret seufzte. »Davon hat mir dein Kollege in Oxford erzählt. Aber was hat das mit den Überresten zu tun?«

»Alte Kaliban hegen die jungen Sprößlinge, wie du weißt. *Alle* alten Kaliban. Sie haben ein eidetisches Kollektivgedächtnis; zusammen mit einem Teil des absterbenden Greisenkörpers wird es den Jungen gewissermaßen aufgepfropft. Das ist der wichtigste Teil der ›Erziehung‹.«

Carteret schüttelte den Kopf. »Dann verstehe ich die Anfrage aber wirklich nicht. Warum überhaupt die Sorge um sterbliche Reste?«

»Der Gedächtnisteil scheint sich nach dem physischen Tod des übrigen Körpers noch eine Weile zu halten und kann auch später verpflanzt werden. Aufgepfropft. Damit nichts verlorengeht.«

Zwei Tage verbrachte er damit, Hypothesen aufzustellen und zu verwerfen, Anfragen an tausend verschiedene Stellen zu schicken und die Antworten auszuwerten. Am dritten Tag fand er plötzlich die Lösung, und sie war so einfach und gleichzeitig so verrückt, daß er zwischen Gelächter und Fassungslosigkeit schwankte. Außerdem zwischen Mammon und Moral. Nach langem Schwanken führte er einige Visifongespräche. Der/das Resident von Setebos auf Gaia – ohne »Namen«; wie alle Kaliban besaß es nur seine Nummer, 3317 – erklärte sich nach einigem Zögern zu einer Reise bereit, ebenso der für Setebos zuständige Beamte des Sekretariats für Fremdvölker. Sie würden gemeinsam reisen und in sechs Tagen Europort Nord erreichen.

Qorba Salibis Schreibtisch sah nicht mehr so chaotisch aus. »Na, was macht dein Kaliban?«

»Dusselige alte Kobra«, sagte Carteret. »Da hast du mir was Feines eingebrockt – aber ich hab's geknackt.«

Salibi klatschte spöttisch Beifall. »Laß mich teilhaben an deiner Wonne, o Mungo.«

»Nix da. Jedenfalls nicht so. Der Resident von Setebos kommt her, mit einem Beamten von der Administration. Ich hätte gern einen diskreten Mann vom SIC dabei. Es ist der wildeste Fall, von dem ich je gehört habe, und ich möchte sicher sein, daß ich nichts vermurkse.«

Salibi kaute auf der Unterlippe; dann hob er die Hände und ächzte. »Wenn du drauf bestehst ... Wann kommen die Herren von Gaia?«

Zur Klärung der letzten Einzelheiten blieben Carteret fünf Tage. Er flog zum Europort Süd, einer künstlichen Insel in der Ägäis, sprach mit der zentralen Koordination für Robotgleiter, mietete einen Geologen mit einer Kollektion der neuesten und empfindlichsten Bodenprüfer, Detektoren und Fernauswerter und flog mit ihm durch halb Europa. Am vierten Tag fanden sie, was sie suchten; wie Aviva Tshitshagov gesagt hatte, brauchten sie die Makroskala des Schwingungspeilers, um überhaupt einen Wert zu erhalten.

Carteret brachte den Geologen, der allem ratlos weil nur teilweise informiert gegenüberstand, zurück nach Athen, erreichte Salamanca am Vormittag des fünften Tags und flog am nächsten Morgen von dort nach Jobourg. Es blieb noch Zeit für ein Gespräch mit Pamela du Plessis.

»Stiefzwilling – was macht die Ellipse? Und wie geht es den Forschungen?«

»Beides bestens. Hör zu, Liebste – die Weinsprüche deiner Noastoikerin waren ein absoluter Supertreffer. Ich erzähl dir später alles genau. Im Moment plagt mich mein Gewissen.«

Pamela faltete die Hände auf ihrem Schreibtisch und blickte mit großen Augen vom Schirm. »Dein was?«

»Gewissen. Hab ich nämlich noch, trotz allem. Gib mir noch ein Orakel.«

Sie zuckte mit den Schultern, stand auf, verließ den Bildbereich, kam nach etwa einer Minute wieder zurück. »Drei Sprüche.« Sie hob das Blatt. »Erstens: ›Wer das Licht sehen will, muß im Dunkel stehen. Der Versuch, alles Dunkel zu beseitigen, führt zu Blendung.‹ Na?«

Mungo nickte. »Paßt beinahe. Weiter.«

»Nummer zwei. ›Auch Einfältiges ist zwiespältig.‹ Gute alte Ashme, das.«

»Paßt nicht. Oder doch? Weiter.«

»Drittens. ›Der Weise geht in sich, der Narr gerät außer sich. Der Stoiker bleibt dazwischen.‹«

Mungo warf ihr eine Kußhand zu. »Du hast mir sehr geholfen. Mit ein wenig Amoral könnte ich eine Milliarde Drachmen kassieren und einen Planeten ins Unglück stürzen. Ich fürchte, das wäre die Tat des außer sich geratenden Narren.«

»Eine Milliarde?« Sie wiegte den Kopf. »Da kann man leicht außer sich geraten, das stimmt. Wann kommst du?«

»Morgen ist alles vorüber. Der Flug dauert sechs Tage. Sagen wir, in acht Tagen?«

Sie strahlte. »Fein, Stiefzwilling. Ich enthalte mich bis dahin. Vielleicht.«

3317 stelzte durch das Gedränge zu Carterets Gleiter. In der Körpermitte – der »Stamm« hatte dort einen Durchmesser von etwa vierzig Zentimetern – trug es die glänzende Diplomatenbrosche, mit einem Seidenband befestigt. Der Beamte des Sekretariats für Fremdvölker Im Commonwealth watschelte hinterher; er war klein, dicklich und kahl.

»Bitte hier entlang, Dom Tiburti.« Carteret deutete auf sein zerbeultes Vehikel; der Beamte war fast automatisch zu einem großen teuren Modell gelaufen, das ein paar Meter entfernt parkte.

»Also, nun spuck's endlich aus.« Qorba Salibi setzte sich hinter Carteret und betrachtete das Kaliban, das neben Mungo thronte – tatsächlich in einer Art Sitzhaltung.

»Es ist schon spät.« Carteret startete; der Gleiter hob ab, verließ den Inselbereich und beschleunigte. Die Themsemündung wurde sichtbar. »Wir werden die Nacht in einem schönen alten Hotel in Oxford verbringen und alles bereden. Morgen früh fliegen wir dorthin, wo sich Ihr – Landswesen aufhält, Exzellenz.«

3317 schwieg. Es schwieg auch im Hotel; erst als Mungo eine Schüssel mit schwarzem Bier füllte und sie auf den Boden stellte, kam aus der Sprechöffnung ein zögerndes »Fss pt?«

»Was bitte«, sagte Tiburti.

»Probieren Sie, Exzellenz – es enthält viele schmackhafte Nährstoffe.«

3317 fuhr eine Wurzel aus. Dann, schnell hintereinander, vier weitere. »Kt, srr kt. Sskzkhnt, Tm Krtrt!«

»Gut, sehr gut, ausgezeichnet, Dom Carteret.«

»Ich verstehe ein wenig, Dom Tiburti. Sie brauchen sich nicht so sehr anzustrengen.«

»Also, red endlich, Mann.« Salibi schlug auf den Tisch.

Carteret nickte und lehnte sich zurück. Halblaut legte er

seine Hypothesen, Anfragen, Antworten, Fehlschläge und Einfälle dar; einschließlich der Abhandlungen einer nicht näher genannten Wissenschaftlerin über die Reaktionen der Kaliban auf Philosophen aus dem Commonwealth.

»Irgendwann begriff ich dann plötzlich das Elementare, wenn ich es so nennen darf. Keiner von uns an diesem Tisch, meine Herren, Exzellenz, kann je hoffen, einen der anderen zu begreifen. Das ist die Konsequenz aus der Lehre vom essentiellen Kern, wie die Noastoa sie vertritt.«

»Srr ntrssnt.« 3317 schwenkte einen Tentakel.

»Gewisse elementare Dinge sind allerdings den Angehörigen einer Rasse gemein. Füße, zum Beispiel; Augen, chemische Prozesse, Reaktionen auf bestimmte Reize. Und elementare innere Vorgänge – psychisch, intellektuell, gefühlsmäßig. Diese elementaren Dinge sind es, mit denen sich die Noastoa vor allem befaßt. Die erwähnte Expedition nach Setebos stellte nun fest, daß die Kaliban zwar höchst spezifische philosophische Höhenflüge lächerlich fanden, mit vielen elementaren Erwägungen und Aussagen der Noastoa und altirdischer Vorläufer jedoch durchaus etwas anfangen konnten.«

»Bkhdr«, sagte 3317. »Tr Tsh. Ptt. Ssn'k.«

»Bahadur«, erläuterte Tiburti müde. »Oder Chou. Buddha. Seneca.«

Carteret nickte und bedachte Salibi mit einem spöttischen Seitenblick. Der Leutnant des SIC starrte wie verloren in sein Bierglas.

»Was mich dazu brachte, meine Motive für die Annahme des Auftrags zu untersuchen. Ich will Sie nicht mit Details behelligen ...«

»Danke, Kumpel.« Salibi blickte auf.

»... deshalb nur so viel: Es hatte etwas mit einer Frau zu tun, die fortging, um etwas zu suchen, und so war ich in der

Situation, daß *ich* etwas suchte, um ihre Suche zu verkraften. Elementare Dinge – Libido, Geborgenheit, Erfüllung, derlei. Nun ist Ihre Vorstellung von Libido und Erfüllung, Exzellenz, anders als unsere – aber im Prinzip ähnlich.«

3317 schlenkerte mit einem Tentakel über dem Tisch.

»Zustimmung«, sagte Tiburti.

»Danke. Da ich wie jeder andere Erdabkömmling völlig unfähig bin, verwickelte Motive im Geist eines Kaliban auch nur zu ahnen, da ich aber andererseits die ungeheure Bedeutung der Lust im Leben Ihrer Rasse zu fühlen glaube, Exzellenz, habe ich diese als Arbeitshypothese genommen.«

Dann kam er zu den eher kriminalistischen Einzelheiten. Am Tag, an dem das verschwundene Kaliban in der Hydroponie des Frachtsatelliten gesehen wurde, hatten nur sieben Schiffe angedockt und den Satelliten wieder verlassen. Drei schieden von vornherein aus, da sie Waren beförderten, die in einer für die Kaliban unverträglichen Atmosphäre gelagert werden mußten. Zwei weitere versorgten Prospektoren auf entlegenen Welten; dort wäre ein Kaliban willkommen gewesen und sofort aufgefallen, wurde aber nicht gesichtet. »Der sechste Frachter wurde lediglich entladen und danach im Vakuum gereinigt. Der siebte flog Europort Süd an.«

Die zweite Fragengruppe betraf den kommerziellen Verkehr zwischen Setebos und dem Commonwealth. »Kaliban brauchen keine Häuser, keine Delikatessen unserer Produktion – was können sie überhaupt mit dem Geld anfangen, das die Konzessionen ihnen einbringen? Sie können Kultur importieren, Wissen, Informationen. Ich stellte zum Beispiel fest, daß es längst sehr wohl Gebäude auf Setebos gibt – zur Aufbewahrung von Büchern, von Geräten zum Abspielen musikalischer Meisterwerke, von Bildern beziehungsweise Reproduktionen. Und ich stellte fest, daß eine Frachtagentur auf Gaia in den letzten Jahren serienweise Bücher über irdische Landwirtschaft nach Setebos geliefert hat. Der Empfänger war Viertausendelf. Ist es zutreffend, Exzellenz, daß dies Ihr verschollenes Landswesen ist?«

»Krrkt.« 3317 bewegte sich unruhig.

»Korrekt; danke. Ich begann also, mich für die von ihm bestellten Bücher zu interessieren. Sie kennen ja die Behauptung, daß die alte Erde nur noch melancholische Kunst liefert; und die besten Weine. Durch einen fast lächerlichen Zufall wurde ich auf das Thema Wein geradezu zwangsweise gestoßen – alberne Noastoa-Maximen, die sich mit Wein befaßten. Und plötzlich hatte ich die Lösung – einfach und zugleich grotesk, für uns. Ich nehme an, Exzellenz, Sie hatten einen Verdacht, der in die gleiche Richtung ging, und deshalb wollten Sie unbedingt vermeiden, daß ›sterbliche Überreste‹ nach Setebos gelangen.«

»Krrkt. Khltr.« 3317 wandte den Oberkörper ab.

»Korrekt. Leider«, sagte Tiburti. »Leider verstehe ich noch immer nichts.«

»Ich auch nicht. Komm schon, Mungo – was ist das für eine einfache groteske Lösung?«

»Morgen.« Carteret lehnte sich genüßlich zurück. »Morgen. Einstweilen – Prost.« Er hob sein Glas.

»Auch die Region war beinahe eindeutig durch Denken zu ermitteln«, sagte Mungo. Das Band der Seine wand sich unter ihnen entlang; bald würden sie Paris überfliegen. Der Bug des Gleiters wies ungefähr nach Südosten.

»Fs?«

»Wieso, nehme ich an.« Tiburti verzog keine Miene.

»Wegen der klimatischen Bedingungen von Setebos. Heiße Regionen dürften für Viertausendelf unzuträglich sein – Andalusien, zum Beispiel, oder Attika. Ebenso steinige Steilhänge.«

»Krrkt.«

»Trotzdem – um sicher zu gehen, habe ich alle denkbaren Gebiete abgesucht. Überall war Viertausendelf gewesen, mit Robotgleitern, deren Flüge registriert wurden. Überall fehlten in kleinen Bereichen bestimmte Mineralien im Boden, vor allem Kalzium. Und schließlich habe ich es gefunden.«

Carteret landete in der Nähe einiger Gehöfte außerhalb eines kleinen Orts, zwischen Dijon und Beaune.

»Bitte sehr«, sagte er. »Gevrey-Chambertin. Bester Wein, beste Lage. Pinot-Noir-Trauben an alten Stöcken.«

3317 sprang aus dem Gleiter und rannte durch die Reihen der Weinstöcke. Die Geräusche, die es ausstieß, waren unbeschreiblich. Carteret blickte seufzend hinter ihm her; dann zog er ein Blatt heraus und zeigte es Tiburti und Salibi.

»Die Genitalien der Kaliban«, sagte er müde. »Bitte sehr.« Er ging zum nächsten Weinstock. »Alles da und verwendbar, wenn man hart genug ist und sich mit nicht völlig aktivierten Surrogaten abgibt.« Er deutete auf Knoten, Astlöcher, konkave und konvexe Verwachsungen. »Und die Kaliban sind aus hartem Holz geschnitzt, sozusagen. Wie gesagt, alles da – *qenufur, paqukhat, qukiqurrup, kholpelef, tiqutafat.* Und das Wichtigste, die nur von einem kompletten Penton produzierte Substanz, eine humusartige geronnene Masse.«

Carteret bückte sich und hob bröcklige dunkle Erde auf. Er ließ sie durch seine Finger rieseln. »Reich an allem, was die Kaliban zur Ernährung brauchen – und, so weit ich das beurteilen kann, fast identisch mit dem geheimnisvollen Sekret, dessen Berührung allerhöchste Lust ist.«

Salibi starrte über das Weinfeld. Tiburti hatte die Hände vors Gesicht geschlagen. 3317, Resident des Planeten Setebos bei der Zentralregierung auf Gaia, Diplomat, ranghöchster Vertreter seiner Rasse, hüpfte und kreiselte zwischen den Weinstöcken herum. »Rzn!« schrie es. »Rzn! Rzn!«

»Was faselt er da von Rosinen?« sagte Salibi.

Tiburti nahm die Hände vom Gesicht. »›Ich resigniere‹, sagt es. Wenn ich richtig verstehe. Scheißkonsonanten.« Er trat nach dem nächsten Weinstock.

»Viertausendelf ist da drüben, unter der dritten Reihe. Eingebuddelt.« Carteret ging zum Gleiter und kam mit einem kleinen Frequenzpeiler zurück.

»Eingebuddelt?« sagte Tiburti fassungslos. »Heißt das, es ist tot?«

Carteret schüttelte den Kopf. »Orgasmische Hibernation«, sagte er leise. Salibi begann zu lachen. »Lach ruhig, Kobra. Stimmt aber. Sie können, wenn sie wollen, alle anderen Körperfunktionen fast auf Null reduzieren und diesen Zustand, den man mit Superorgasmus nur schwach umschreiben kann, bis zu vierzig Tage ausdehnen. Oder länger. Genau weiß das niemand.« Er schaltete den Frequenzpeiler ein. »Bitte sehr; die Makroskala. Sieht das aus wie tot?«

Salibi lachte immer noch. Er hielt sich an Mungos Schulter fest und kreischte; dann ließ er sich auf den Boden fallen und rollte darauf herum.

»Der letzte Hinweis«, sagte Carteret, an den starren und fahlen Tiburti gewandt, »kam von Dreitausenddreihundertsiebzehn persönlich – indirekt. Es wollte etwaige sterbliche Überreste unbedingt von Setebos fernhalten. Was meinen Sie, was passiert, wenn das Gedächtnis von Viertausendelf weitergegeben wird, per Aufpfropfung?«

Tiburti riß die Augen auf. »Grauenhaft.« Er schlug die Hände wieder vors Gesicht. »Unvorstellbar. Grauenhaft.«

Carteret nickte. »Eben. Alle Kaliban werden Setebos verlassen und nach Burgund kommen. Sie werden vielleicht nicht die hiesige Ernte ruinieren, aber Gevrey-Chambertin wird einen sehr eigenartigen Geschmack annehmen. Und all dies hier ist nur Surrogat – perfekt, aber Surrogat. Es mag den

Kaliban die höchste vorstellbare Lust schenken, aber ihre Sporen dürften kaum reifen. Exodus. Und keine Nachkommen. Nur noch eine unendliche, unbeschreibliche und unglaubliche Orgie.«

Tiburti nickte langsam. »Was macht *das* denn jetzt?«

»Was wohl?« Carteret hob die Schultern. »Es buddelt sich ein.«

»Wie sag ich das bloß der Lordkanzlerin?« murmelte Tiburti.

Carteret trat nach Salibi, der sich immer noch kreischend auf dem Boden wälzte. »Steh auf, Mann. Reiß dich zusammen. Was findest du denn so witzig?«

3317 war bereits halb im Boden verschwunden. Die Diplomatenbrosche lag drei Meter von ihm entfernt. Vom nächsten Gehöft näherte sich ein Weinbauer.

Kreuzung (hybrid)

Seit Stunden Regen, in Endloskadenzen; nicht zu zerreißende Wasservorhänge statt und vor der Wahrnehmung. Der Mann ging durch die Landschaft. Monotoner Abwechsel einer Urwelt: Weg, Steine, Morast, Graugrün. Fern ein paar Hügel, oder Gräber, und vor ihnen Regen, darüber, dahinter.

Schwankend blieb der Mann manchmal stehen, wischte die Augen und starrte in den uneinsichtigen Himmel, bis Faser um Faser vom Prasseln des Wassers zu schmerzen begann. Langsam ging er weiter, jedesmal mit der Hoffnung, sich an den Inhalt seiner Hoffnung erinnern zu können.

Am Wegrand das bleichgespülte Skelett eines Widders, am Magenrand die Hauer eines schleimigen Hungers. Regenschlangen krochen in sein Kraushaar, durch den Kragen, wanden sich unter dem groben Stoff des Hemds, leckten ätzend Kanäle in die Haut. Regennadeln brannten in den Schuhen, stachen Fransen aus den Porenkanten der Sohlen, bohrten in Blasen. Ein Trommelfeuer von Wasserfetzen auf dem bloßen Schädel; schmerzende Echowellen, wie ein- und ausrollende Teppiche aus Glassplittern im Hirn, und ein langsames Durchsickern in die Nervtrichter. Stück um Stück verbrauchte er seine Erinnerungen; zuerst die rhythmischen, die seinen Gang lockerten und beschleunigten, dann die qualvoll freien, die sich wie Klammern um seine Muskeln schlossen. Leise nachhallende Reste des Erinnerns wurden von den Regenschocks ausgefällt, bis sein Gehirn blank war und leer.

Durch den Regen wankte ihm gegen Mittag eine Gestalt

entgegen, eine Frau. Sie nahmen einander naß, im Graben, ehe sie ihre gegenläufigen Wege fortsetzten: wie ein Meer Wasser nimmt, oder ein Orkan Wind.

Später, gegen Abend, als sie die Trockenzone erreichte, begannen sich zwischen seinen Fingern und Zehen die ersten Schwimmhäute zu bilden. Er wußte mit jeder Zelle, daß er bald das Meer erreichen würde. Der Regen übertönte die Brandung, auch dann noch, als er schon bis zu den Knien im Wasser watete. Ein scharfer, ziehender Impuls zwang seinen Körper wie einen stürzenden Pfeil unter die Oberfläche. Während er nach Atem rang, formten sich Kiemen an seinem Hals, aber als sie sich ausgebildet hatten, war er schon ertrunken.

Morgengabe

Eigentlich gibt es nur wenige Geschichten, und von diesen unterscheiden sich die meisten allenfalls durch die Qualität der Zutaten und Gewürze. Der Mann, der Frau und Freund im Bett erwischt, die Pistole zieht und »Weitermachen!« sagt; der harmlose Insektenbiß, der sich nach Wochen öffnet und Spinnen über eine Alabasterwange rieseln läßt; die abgerissene Hakenprothese im zufällig rechtzeitig hochgefahrenen Klappverdeck des Wagens... Jeder kennt mindestens fünf solcher Geschichten und mindestens fünfzehn Leute, die schwören, derlei erlebt zu haben. Statt eine bekannte Lüge durch feine Beigaben genießbar zu machen, begießen sie sie mit der alles verkleisternden Sauce ihres Schwurs.

Carlos Huber erzählte mir eine geschmackvoll garnierte Lüge, ohne ihre Wahrheit zu beschwören, und ich habe mich gehütet, einen solchen Eid von ihm zu verlangen. Er hat mir viele schöne Geschichten erzählt, aus der Bonner Politküche, und die schönsten sind nicht wiederzugeben, weil... nun ja. Wen fragen Sie, ob die Nudeln wirklich hausgemacht waren? Eben, nicht den Gastgeber, sondern den Koch. Besser noch den Küchenjungen, denn Köche haben manchmal verworrene Ehrbegriffe.

Carlos Huber ist politischer Küchenjunge. Er macht irgendwas in Bonn, und ich werde den Teufel tun, ihn genauer danach zu fragen. Nicht, solange er Geschichten erzählt. Mal erzählt er etwas aus einem CSU-Ministerium, dann aus der Fraktion, dann aus Landesvertretungen, und solange er erzählt, bin ich nicht weiter neugierig. Er scheint genug zu verdienen und ist vermutlich kein Spion.

Ich lernte ihn kennen bei einer dieser furchtbaren Bonner Schickie-Feten. Ringsum klirrten Klunker, dampften Smokings, jaulten Yuppies; nur ein westafrikanischer Kulturattaché und Huber waren in der jeweiligen Stammestracht erschienen. Ich sah, wie er in seiner Hirschledernen die Gastgeberin betanzte – wüste Walzer, links herum. Später unterwies er einen japanischen Geschäftsmann im Jodeln; danach lehrte er den Attaché den Schuhplattler. Ich machte eine schäbige Bemerkung über bayrische Eingeborene im Exil; sie erregte seine Sympathie, und von elf bis gegen drei Uhr früh half er mir, die Ginbestände des Hauses zu vertilgen, wobei er mich mehrmals überrundete.

Beim zweiten oder fünften Glas fragte ich ihn, wie man dazu komme, Carlos zu heißen, wenn man Huber heißt. Er zwinkerte und strich mit Zeige- und Mittelfinger ein paar schwarze Strähnen aus der Stirn.

»Ah, wissen Sie, das war so. Ich bin geboren im September fünfundvierzig, in einem Dorf, zwei Tage Fußmarsch hinter München und dann links; von hier aus. Meine Eltern hatten da eine Wirtschaft. Und einen kleinen Hof.«

Ich winkte dem belitzten, betreßten und gestreßten Barmann; er tauchte nach dem nächsten Booth-Behälter.

»Das erklärt den Huber. Aber wieso Carlos?«

Er hob die Linke. »Langsam. Meine Mutter hatte einen Onkel, der hieß Alois, den hat sie nie leiden können. Wie ich geboren war und mein Vater vorschlägt, ich soll Alois heißen, da hat meine Mutter gekreischt. Der Vater hatte einen Bruder, der hieß Xaver, und den hat *er* nie leiden können. Wie meine Mutter nun meint, ich soll Xaver heißen, da kreischt mein Vater. Und bei dem Gekreisch hat sich ein amerikanischer Posten alarmiert gefühlt.«

Er leerte sein Glas und starrte auf seinen Schoß, wo Gintropfen die Hirschlederne adelten.

»Moment. Wieso amerikanischer Posten? Wo haben Ihre Eltern denn derart rumgekrischen?«

»In der Gebärstube.« Er kicherte. »Im Gasthof. Da waren damals ein paar amerikanische Offiziere einquartiert, deshalb Posten. Klar?« Er klopfte auf sein Zigarettenpäckchen und deklamierte: »›Seit an Ami mit mei Schwester schielt, rauch ma nur noch Chesterfield‹. Also, jedenfalls, Mutter kreischt bei Alois, Vater bei Xaver. Da kommt der Amerikaner rein, wegen dem Gekreisch, und will sehn, ob's was Ernstliches sein darf.«

»Und weiter?«

»Na, der Postenmensch war halb Hispano, halb Navajo, stramm katholisch, hieß Carlos und ist mein Pate.«

Wir tauschten einige Zeit lang Anzüglichkeiten über den Rest der Welt aus. Nebenbei erfuhr ich, daß Carlos Huber die Abendschule besucht hatte, Kfz-Mechaniker gewesen war, alte lahme Autos liebte. Und daß er lange bei einem Bestatter gearbeitet habe, der so hübsche Dinge wie Seebestattungen und Einbalsamieren betrieben haben soll.

Lange nach Mitternacht fragte ich ihn, wie er denn mit den hiesigen Einwohnern zurechtkomme, als Bayer im feindlichen Ausland. Seine ersten Auslassungen waren nicht zur Veröffentlichung geeignet. Im Prinzip sei es ihm zunächst schwergefallen, mit den Eingeborenen klarzukommen, die ihn weder mit Salaam Sahib begrüßen noch gar mit Pfüatdi verabschieden wollten. Vor allem habe er sich erst spät daran gewöhnt, daß Reden, die in seiner Heimat zu Fäusten oder auch Messern geführt hätten, bei diesen Kruzipreißn am Rhein freundlicher Umgangston seien. »Wie daheim«, stellte er mit beachtlicher Logik fest. Das muß der Gin gewesen sein. Meine Einwände, das Rheinland sei nie preußisch gewesen, allenfalls per Annektierung zwangseingegliedert, ließ er nicht gelten.

Er trug keinen Ring und benahm sich den anwesenden Damen gegenüber nicht eben verheiratet. Deshalb war ich ein wenig überrascht, als er auf dem Heimweg (wir mußten in die gleiche Richtung, und die Nacht war zu schön zum Taxifahren) einer Neonlaterne nahe dem Kanzleramt die Vorzüge seiner Frau schilderte. Diskret preisend, natürlich: Kochen und Seele und so.

»Haben Sie diese preisenswerte Dame aus dem Freistaat importiert?«

Er lehnte sich einen Moment gegen die Mauer, hinter der der Bundespräsident schlummern mochte.

»Nee. Die ist aus dem Rheinland. Aus Godesberg.« Er schnalzte mit der Zunge. »Jodesbersch, häh.«

Bad Godesberg, 1969 von Bonn annektiert, hatte schon früher mit Bayern zu tun gehabt. Ende des 16. Jahrhunderts war die Godesburg Südfeste des Erzbistums Köln gewesen, und als der hochmögende Herr zu Köllen los von Rom wollte, tobte bayrische Soldateska durchs Rheinland, um die Dinge wieder katholisch zurechtzurücken. Sie hatten die Godesburg lange vergebens belagert und schließlich nach ausgiebigem Gebuddel mit viel Schießpulver gesprengt. Ein ehelicher Zusammenstoß zwischen Godesberg und Bayern war also früher oder später unvermeidlich.

»Ist schon eine rechte Belagerung gewesen, bis daß ich mein Mädel hatte.« Er gluckste leise. »Man könnte sagen, ich hab auch sprengen müssen, wie meine Vorfahren hier.«

»Was haben Sie als Schießpulver verwendet?«

Er kicherte. »Eine Leiche.«

»Bitte?«

»Eine Leiche. Leiche.«

Er erzählte die Geschichte. Dabei gestikulierte er heftig, gegen halb vier morgens, vor dem Auswärtigen Amt. Ein Streifenwagen schlich mißtrauisch vorüber.

Seinen ersten Urlaub von Bonn hatte Huber nicht in Bayern verbringen wollen – aus Angst, dort könnte ihn das eben erst überwundene Heimweh wieder packen. Ein Bekannter, der im deutschen Konsulat in Barcelona arbeitete, besorgte ihm billig einen Bungalow an der Costa Brava. Huber fuhr hin, mit einem seiner alten, riskanten Autos.

»In einem der nächsten Häuser war eine Sippe aus Jodesbersch. Mann, Mann, Mann. Ein kölschtrinkender Vater mit Biergeschwür. Eine Mutter – also, so was von Mutter! Umfangreich, gewissermaßen geräumig; für die Größe gibt's keine Badeanzüge mehr, und nur Wunder haben verhindert, daß sie am Strand ihrer kargen Hülle entkommt und das Gestade verheert. Ein Sohn, bah. Halbwüchsig, so ekelhaft wie Sie und ich in dem Alter auch waren; verpickelt; hat die Ferien abwechselnd mit Nägelbeißen und Nasebohren verbracht. Und ein lieber alter Großvater. Konnte unheimlich viel Wein wegmachen, hatte aber ein schwaches Herz. Schwach vor lauter Alkohol und Menschlichkeit. Und eine Tochter. Hmmm. Also, damals war sie achtzehn, und ...«

Wir hatten eben den Hofgarten erreicht und sahen uns im Mondschein der Architektur des weiland kurfürstlichen Schlosses gegenüber. Hier wurde Huber in seinen Ausführungen über die weiland Achtzehnjährige ausfallend poetisch.

Ich unterbrach ihn. »Bei aller architektonischen Schönheit: Das Schloß da ist heute nur noch Uni, und die Achtzehnjährige vermutlich Ihr Eheweib. Sic transit und so weiter. Also, was war mit der Leiche?«

»Später, lammsam. Also, was Töchter angeht, seids ihr im Rheinland noch schlimmer wie unsere Leut. Anno sechsundsiebzig war das, aber die Eltern haben sich benommen wie vor der Währungs-, Schul- und Sexualreform. Eh daß ich gekommen bin, ist die Tochter abends immer fein ausgegangen. Aber dann – nix mehr. Aus. Wenn ich achtzehn wär, war's nicht schlimm, glaub ich; aber wie sie gesehn haben, daß es Irene und mich ernsthaft erwischt hat, hä, also, da hat sie nicht mehr ausgehen dürfen. Ich war dreißig, und die Alten haben mich wohl für nen Kinderschänder gehalten.«

»Und? Wie waren Ihre Absichten? Tochtermäßig?«

Er grunzte. »Rein unehrenhaft, klar doch. Die von Irene auch. War ja alt genug, und so ein anerzogener Madonnenkomplex hält nicht ewig... Wir waren zusammen schwimmen, auch schon mal Eis essen, tagsüber. Abends ist dann immer die ganze heilige Famülie ausgegangen oder komplett zu Hause geblieben. Allenfalls hat sie mal mit ihrem schlimmen Bruder als Anstandswauwau ausgehn dürfen. Der immer mit seim Finger in die Nas; da soll man dann an was Erotisches denken. Obwohl. Na ja. Bloß der Großvater, der hat mir mal am Strand heimlich was gesagt.« Huber spitzte den Mund. »›Wenn et nach mir jehen täät, dann wör dat wat anders. Ävve isch kann jo nix mache‹.«

Dann ergoß Huber sich über seinen damals zwanzigjährigen BMW, einen von den schönen rundlichen. Mit dem klapperte er Kramläden im katalanischen Hinterland ab, um kleine feine Dinge für seine noch ziemlich neue Wohnung in Bonn zu erbeuten. Einmal sei Irene ganz zufällig an der Straße gewesen und zufällig mitgefahren, und zufällig habe er eine Decke im Auto gehabt und vorher zufällig auf der Karte einen Wald gesucht.

Ein paar Tage später, kurz bevor Irenes Familie – zufällig am gleichen Tag wie Huber – nach Bonn zurückfuhr, gab sein BMW den Geist auf. Endgültig. Er sei über diesen Verlust so betrübt gewesen, daß er kaum noch auf die Umgebung geachtet habe. Irene sei hinter Schloß und Riegel gehalten worden; er habe nur gesehen, daß der Vater ein langes Gesicht machte, als ob sich eine Katastrophe ereignet hätte. Er habe sich aber nicht weiter damit befassen können.

Nach längerem Überlegen habe er seinen Bekannten in Barcelona angerufen. Mit dem ganzen gekauften Krimskrams sei ja schlecht Zugfahren gewesen. Aber der Bekannte vom Konsulat hatte ihm erzählt, er müsse demnächst für ein paar Tage zu einer Routinekonferenz nach Bonn, mit dem Flugzeug.

»Wie ich ihm gesagt hab, mein Karren ist hin, da hat er gesagt, er bringt mir seinen rauf an die Costa, mit dem kann ich dann nach Bonn fahren. Das wär ihm sogar ganz angenehm, dann hätt er in Bonn nämlich nen Wagen, und hinterher wär alles nicht so eilig, da könnt er zurückfahren statt fliegen. Also hat er mir den Wagen gebracht – Mercedes mit großem Kofferraum und CC-Schild.«

Während Huber noch auf seinen Freund mit Wagen wartete, fuhr die Godesberger Familie ab – ohne Großvater, aber mit einer langen Blechkiste auf dem Kofferkuli. Da, sagte Huber, habe er sich etwas gedacht und angefangen, Rachepläne zu schmieden.

»Großvater war ja alt, guter Schlucker, schwaches Herz. Später hab ich gehört, er ist am selben Tag hops gegangen wie mein BMW. Zufällig. Und überführen kostet viel Zeit und Geld und Papiere und Scherereien. Da haben sie ihn in die Blechkiste gepackt und gehofft, daß sie an den Grenzen das Ding nicht aufmachen müssen.

Irene hatte mir erzählt, daß sie in Frankreich unterwegs immer im selben Motel übernachten, immer in denselben Zimmern, alle lange im voraus reserviert. Sie hat, sagt sie, eins mit Balkon, was über den Garagen von dem Motel liegt. Also hab ich da auf der Heimfahrt gehalten.« Er grinste und schob seinen Arm unter meinen. Wir standen schon einige Zeit vor dem Alten Rathaus, wo sich unsere Wege bald trennen mußten.

Der Wagen von Irenes Leuten stand vor dem Motel, samt Blechkiste auf dem Kofferkuli. Mit der Kiste war er nämlich zu hoch für die Motelgarage. Offenbar hatten sie an der spanisch-französischen Grenze keine Probleme gehabt.

Die Familie saß im Speisesaal, und Huber beobachtete sie durchs Fenster. Der Großvater aß nicht mit; genauer: Er fehlte. Und weil Carlos nicht ungesehen ins Motel konnte, aber auch nicht wollte, daß Irenes Leute ihn sahen, setzte er sich in seinen geliehenen Wagen, aß Reiseproviant – Brot und Käse – und wartete, bis die Familie zu Bett ging. Tatsächlich wurde kurz darauf das von Irene beschriebene Zimmer über der Garage hell, und er sah die nette junge Dame ein paar Sekunden auf dem handtuchbreiten Balkon.

»Na, und da hab ich an mein CC-Zeichen gedacht, an dem Wagen von meinem Bekannten. Gut gegen Grenzkontrollen. Ich mein, ich hab natürlich keinen Diplomatenausweis, und wenn man mich anhält, gibt's vielleicht Ärger, aber wahrscheinlich hält man mich gar nicht erst an.« Er kicherte schrill. »Und wie dann alles dunkel ist, hab ich die Blechkiste von denen ihrem Wagen geholt. War schwer, aber ich hab ja beim Bestatter gearbeitet und weiß, wie man einen Sarg anfassen muß. Und ich hab gedacht, daß Großvater ja gesagt hat, er würd gern helfen, wenn er nur könnte. Da hab ich dann die ganzen Sachen aus dem Kofferraum in die Kabine gestopft und die Blechkiste aufgemacht.«

Er schwieg einen Moment und rümpfte die Nase. »Großvater war in Plastik gewickelt; aromaversiegelt. Den hab ich mir in den Kofferraum gepackt. Dann bin ich mit der leeren Blechkiste hoch, übers Regenfaß, auf die Garage, und da hab ich die Blechkiste an die Wand gelehnt, als Leiter, neben Irene ihrem Balkon, und bin rauf.«

»Fensterln mit Sarg!« sagte ich beeindruckt. Dann konnte ich nicht mehr anders und platzte heraus. Huber hielt sich am Treppengeländer des Alten Rathauses fest, und unser wieherndes Gelächter hallte von den Fassaden um den Marktplatz wider.

Huber wurde als erster wieder ernst. Halblaut, fast ergriffen fuhr er fort. »Eine wunderschöne Nacht war das. Aber gefährlich. Von wegen fruchtbar. Manchmal muß man Risiken eingehen. Könnte man glatt zum Mystiker bei werden. Tod und Geburt sind zwei Seiten derselben Münze, hab ich mal irgendwo gelesen. In *der* Nacht... Na, ich hab Irene nix von dem Sarg erzählt, bloß gesagt, sie soll sich am Morgen nicht wundern. Und nix sagen. Vor Morgengrauen bin ich verschwunden, wieder über den Balkon. Die Kiste hab ich in nem Wald versteckt, nahe bei. Den Großvater hab ich mitgenommen.« Er lachte wieder und legte mir eine Hand auf die Schulter. »Die müssen am Morgen eine panische Angst gekriegt haben, und Irene hat mir später erzählt, die Rückfahrt ohne Kiste und Opa war der nackte Terror. Tja, paar Wochen später hat sie dann gewußt, sie ist schwanger, und da hab ich förmlich um ihre Hand angehalten. In Jodesbersch.«

Wir gingen schweigend ein paar Schritte weiter, bis dorthin, wo Huber nach rechts abbog und ich geradeaus weitergehen wollte. Nach dem Austausch der Telefonnummern sickerte aus meinem benebelten Hirn plötzlich die wichtigste Frage.

»Was haben Sie eigentlich mit dem toten Großvater gemacht?«

Er sah mich tiefernst an; nur seine Augenwinkel zuckten. »Ich hab Ihnen doch erzählt, daß ich mal bei nem Bestatter gearbeitet hab. Einer, der wo so feine Dinge macht wie Einbalsamieren. Also, ich hab mich dran erinnert. An dies und jenes. Und da hab ich den toten Großvater sauber einbalsamiert. Konserviert.« Er schüttelte sich. »War schon ziemlich – wie sagt man bei Käse? Reif? Egal. Und am Hochzeitsmorgen hab ich die Opakonserve zum Haus der Brauteltern gebracht. So ist es dann doch noch eine feine Feier geworden, an der offenen Kiste. Das mit den Papieren hat das Konsulat in Barcelona diskret erledigt.« Er gluckste. »Wie gesagt, feine Feier, in Jodesbersch. Fast wie bei uns in Bayern aufm Dorf.«

Jürgen Sobergs Ende

Das Bier hatte die Schmerzen des entzündeten Kehlkopfs nicht gelindert. Jürgen Soberg versuchte, sich auf den Wagen und die nasse Straße zu konzentrieren. Es fiel ihm schwer; er dachte wieder an den Busen der Wirtin und das Gerede der Männer am Nebentisch – Dorfprobleme, Düngemittel, der neue Lehrer.

Und das seltsame Dorf in der Nähe. Niemand habe sich dort je lange aufgehalten, Auswärtige seien immer höchst unfreundlich behandelt worden. Ein Fernfahrer habe im einzigen Gasthaus übernachten wollen, sei aber ohne Nennung von Gründen abgewiesen und schließlich förmlich zu seinem Lkw geprügelt worden. Der Abgeordnete des Kreises habe bei keiner der letzten Wahlen dort reden können, die Urnen seien immer ohne einen einzigen Stimmzettel zurückgekommen. Niemand wisse, was mit den Leuten da los sei – vergessene Minderheit, finstere Sekte? Angeblich sei ihre Sprache seltsam, hatte einer der Männer gesagt, und solange man nicht den Mund aufmache, geschehe einem dort nichts. Als ob Sprache von außerhalb gefährlich sei. Gelächter.

Zerstreut, mit Schlieren vor den Augen und schmerzender Kehle fuhr Soberg durch den Abend. Er war durch einen anonymen, längst erwarteten Brief zu einem dringenden Rendezvous in dieser verlorenen Gegend bestellt worden. Sein Teil an der großen Arbeit war getan; das Manuskript des elften Bandes der Zweiten Enzyklopädie lag auf dem Beifahrersitz. Er würde nicht reden können bei der Begegnung, der Hals; aber immerhin ...

Etwas blendete ihn. Dann traf ihn ein Schlag, nicht wie von

einem Hammer, sondern einem Amboß. Als er zuerst zu sich zu kommen meinte, hörte er irgendwo Reifen quietschen und eine Sirene jaulen; bläuliches Licht blinzelte ihm zu. Aber dann steckte er verloren in seinem Wagen, überschüttet von den Griestrümmern der Windschutzscheibe. Offenbar regnete es nicht mehr; von der Seite wuchsen Bäume in einen verzerrten Mond hinein.

Er zwinkerte, öffnete den Mund, brachte nicht einmal ein Krächzen heraus. Neben dem Hals schmerzte nun auch die Brust; entsetzlich; als ob etwas Spitzes sie aufgerissen hätte. Wie es sich anfühlte, hatte er Schnittwunden an Händen, Armen und Gesicht; er spürte etwas Warmes rieseln.

Der Wagen lag fast völlig zertrümmert auf der Seite, im Straßengraben; soviel konnte er im Mondlicht sehen, als er sich endlich ins Freie gezerrt hatte. Nun wuchsen die Bäume wieder aufwärts. Er keuchte, taumelte, hockte sich einige Meter entfernt in den Graben und versuchte, am Stand der Sterne die ungefähre Zeit festzustellen. Langsam, vorsichtig bewegte er den Kopf, die Hände, die Beine, atmete, lauschte. Dann stutzte er. Er kannte die Sterne, wie ein alter Seemann, konnte sich aber nicht ans Meer erinnern. Irgendwie hatte er das Gefühl, Soberg zu heißen, vielleicht Jürgen, und etwas Dringendes tun zu müssen. Er wußte nicht was, und je länger er grübelte, desto weniger schien sich in seinem Kopf zu befinden.

Langsam, schwerfällig stand er auf, ging von der Straße fort, nach Süden, einen Weg durch den spärlichen Wald. Er wünschte, er hätte ein Messer. Nach einiger Zeit lichtete sich der Wald noch mehr, blieb dann völlig zurück. Mit ein paar Schritten erreichte er einen kleinen, schnellfließenden, gurgelnden Fluß, über den eine Brücke aus Bohlen führte, dünn wie Speerschäfte. Als er sie überquerte, raste eine neue Schmerzwelle durch Brust und Hals. Taumelnd blieb er einen Moment stehen, klammerte sich an das schwächliche Geländer. Irgendwo vor ihm schrie eine Eule.

Weiter. Er befand sich immer noch auf einem schmalen Weg, der nun, soweit sich dies in der einmütigen Nacht feststellen ließ, durch einen weitläufigen Sumpf führte. Ringsum erstreckte sich ebene Düsternis bis zum Waldrand, der nur noch zu ahnen war. Gelblich hing der Mond über dem dunklen Schlamm, den die Linie des Pfads wie ein Messer durchtrennte. Die Vielzahl der Sumpfpflanzen war nicht auszumachen, die wimmelnde Menge kleiner Tiere nur zu erraten.

Der Pfad führte zu einer undeutlichen Ansammlung von Häusern. Ein Windstoß trug Fetzen einer ärmlichen Musik an Sobergs Ohren, ein kranker Tango vielleicht, gestützt auf sieche Hillbillytänze. Er starrte auf seine Uhr, die ihm fremd erschien. Das Zifferblatt fehlte, das Glas war zersplittert. Irgendwie beunruhigte ihn das weniger als die Tatsache, daß an dem schmalen Sumpfpfad nun Wegmale standen.

Im Licht des Mondes und dreier Laternen wirkte der Dorfplatz mit vorspringenden und zurückweichenden Häusern wie ein Quadrat, das gleichzeitig zum Kreis und zum Rhombus werden wollte. Die Kirche und das Gasthaus, aus dem die Musik rieselte, standen einander gegenüber. Als Soberg, immer noch taumelnd, zum Gasthaus ging, traf ihn wie eine Keule der erste von elf Schlägen der Turmuhr.

Für Musik auf dem Dorf schien es ein wenig spät, aber plötzlich wußte er wieder, daß es Samstag war. Er kämpfte sich die drei Stufen zur Tür des Gasthauses hinauf, öffnete, torkelte in den Schankraum. Die Leute an den Tischen und auf der kleinen Tanzfläche, sämtlich einfach gekleidet, starrten ihm entgegen; es war, als wären sie kurz *vor* seinem Eintritt erstarrt. Zwei Musiker, die mit Geige und Akkordeon eine Art Geräusch gemacht hatten, ließen die Instrumente sinken; es war, als ob er die Musik noch einen Moment länger hörte. Soberg nickte mühsam und wankte zum Tresen. Der Wirt, ein massiger Mann mit tiefen Kerben um den Mund, stützte die Unterarme auf den Rand des Spülbeckens und blickte ihn an. Soberg sah sich in der Verchromung des Zapfkastens: blutig, besudelt, wirre Augen. Er holte tief Luft, streckte die Arme aus, schloß die Hände um ein imaginäres Lenkrad, kurbelte hektisch, deutete durch umeinander wirbelnde Unterarme ein Überschlagen des Wagens an, wies auf seine Wunden, zupfte an seinen zerfetzten und blutverschmierten Kleidern. Schließlich deutete er auf seinen Mund, seinen Kehlkopf, schüttelte den Kopf und breitete die Arme aus, drehte die Handflächen nach oben.

Wieder war es, als ob der Wirt einen Moment vor dem Ende der Pantomime nickte. Die Musik setzte wieder ein, die Leute tanzten, an den Tischen wurde geredet. Der Wirt schob Soberg ein frischgezapftes Bier hin und sagte etwas, das Soberg nicht genau verstand. Offenbar war es eine Art Begrüßungstrunk auf Kosten des Hauses.

Eine junge Frau, der Ähnlichkeit nach Tochter des Wirts, trat zu ihm, wartete, bis er das Glas absetzte, zupfte an seinem zerrissenen Jackenärmel und deutete auf eine Tür neben dem Tresen. Sie führte ihn eine Treppe hinauf, einen gekrümmten Gang entlang, öffnete ein kleines, sauberes Gastzimmer, deutete auf das Waschbecken, murmelte etwas und verschwand, wobei sie die Tür offenließ. Soberg sank auf den einzigen Stuhl, stützte den linken Ellenbogen auf die Halbkreis-Platte des dreibeinigen Tischchens und starrte das Bett an, ohne es zu sehen. Bevor er im Sitzen einschlafen konnte, kam die junge Frau zurück, legte Unterwäsche, Socken, eine grobe Hose und ein Flanellhemd aufs Bett, zupfte wieder am Ärmel seiner Fetzenjacke und holte dann aus der Tasche ihrer orangen Schürze Seife, einen Waschlappen, Zahnbürste, eine Tube Zahnpaste.

Als sie gegangen war – diesmal schloß sie die Tür hinter sich –, raffte Soberg die letzten Kräfte zusammen, stand auf und begann sich auszuziehen. Er nahm die Börse aus der Tasche und warf die verschmierten, zerrissenen Sachen in die Ecke. Auf der Innenseite der Tür war ein Spiegel; als er hineinschaute, sah er sein entstelltes Gesicht und gleichzeitig seinen Hinterkopf im Spiegel über dem Waschbecken. Um seine Augen war ein Flimmern; nicht, als ob die Umgebung verschwömme, sondern als ob er sich auflöste.

Er stand nackt vor dem Becken und versuchte, mit dem Lappen und kaltem Wasser – warmes gab es nicht – die Schnittwunden im Gesicht zu reinigen, als die Tür aufging und die junge Frau mit einer dampfenden Steingutkanne eintrat. Seine Nacktheit schien ihr keineswegs peinlich zu sein; ihr Gesicht zeigte eher etwas wie Verblüffung. Aus der Schürzentasche holte sie ein Fläschchen mit einer orangen Flüssigkeit, Heftpflaster, Watte; dann half sie ihm, die Schnitte abzutupfen und zu säubern. Ehe sie ging, berührte sie wie zufällig sein Glied und lächelte; in den Augen war eine Mischung aus Staunen und Mitleid. In der Tür drehte sie sich halb um und sagte, wenn er fertig sei, könne er unten noch etwas zu essen bekommen.

Nach dem Waschen fühlte er sich etwas lebendiger. Die Sachen, die sie ihm hingelegt hatte, waren zu groß. Während er in seine unversehrten Schuhe stieg und seinen alten Gürtel um die neue Hose festzog, dachte er über eine Merkwürdigkeit nach. Wenn es denn eine war und nicht nur ein Erzeugnis seines übermüdeten, wahrscheinlich leicht erschütterten Gehirns. Die junge Frau schien immer schon reagiert zu haben, bevor er seine Gesten zu Ende ausgeführt hatte, und als sie sprach, war es, als käme der Klang ihrer Stimme verzögert, später als die Mundbewegungen. Und die Wörter selbst? Ein seltsamer, irgendwie alt wirkender Dialekt, den er mühelos verstand, der aber einige Dinge anders auszudrükken schien.

Müde schleppte er sich treppab, in den Schankraum, der sich geleert hatte. Es mußte kurz vor Mitternacht sein. Die junge Frau brachte ihm Brot, Butter, kalten Braten und Bier. Mit der dreizinkigen Gabel verletzte er sich im Mundwinkel. Er war zu zerschlagen, als daß er den leisen Gesprächen der wenigen übrigen Gäste noch hätte folgen können; dennoch nahm er das unbehagliche Gefühl mit in seinen Schlaf, daß sie nach einem undurchschaubaren System immer wieder Laute aus den Wörtern wegließen, und daß einige Wörter andere Inhalte hatten als die ihm geläufigen.

Morgens erinnerte er sich an einen wirren Traum von Spielkarten auf einem dreieckigen Schachbrett, das plötzlich in einem Duell zweier symmetrischer Feuer verging. Als er in seinen schlotternden Kleidern den Schankraum betrat, noch immer wacklig, fand er nur den Wirt vor, der ihn mit einem überschnellen Nicken begrüßte und ein einfaches Frühstück servierte. Es war schon mittlerer Vormittag. Eher aus Neugier beschloß Soberg, die Dorfkirche aufzusuchen, an diesem Sonntag – Neugier auf die Leute.

Beim Verlassen des Gasthauses stolperte er die fünf Stufen hinab; etwas kam ihm seltsam vor, er wußte aber nicht, was es war. Der Platz war leer; Soberg schlenderte zur Kirche hinüber. Einen Moment blieb er vor einem Haus stehen, dessen Obergeschoß durch einen umgestürzten Baum beschädigt war. Ob es nachts, als er schlief, gestürmt hatte?

Die Kirche war offen. Und leer. Keine Bänke, keine Kerzen, kein Kreuz, keinerlei Schmuck, nichts; nur ein kahler, dreieckiger Altarstein mit einer Vertiefung, in der Soberg einen dunkelroten Bodensatz zu erkennen glaubte, eine Art Kruste. Er verließ die Kirche wieder, bog nach links, wo zwischen hohen Hecken der Friedhof lag. Dort standen Steine in

Dreier- und Fünfergruppen, wie abgemessen; in die einander zugewandten Seiten waren Zeichen gemeißelt, die Soberg keiner ihm bekannten Schrift zuordnen konnte, darüber jeweils eine Schlange, die sich in den eigenen Schwanz biß.

Er hörte Stimmen. Sie kamen von jenseits der Kirche, von außerhalb des Dorfs. Er ging zurück zum Platz, wo er etwas bemerkte, was ihm vorher entgangen war: Alle Türen aller Häuser standen offen. Diesmal wandte er sich vor dem Portal nach rechts; neben der Kirche führte ein kleiner Weg auf die Felder.

Die gesamte Einwohnerschaft des Dorfs – er sah auch den Wirt und seine Tochter – hatte sich auf einem kleinen Hügel versammelt, um einen hoch aufragenden schlanken Stein. Sie saßen auf dem Boden, standen in Gruppen herum, lachten, redeten, gestikulierten. Soberg wollte zu ihnen gehen, empfand aber plötzlich eine deutliche Abstoßung; als ob irgend etwas ihm mitteilte, er solle die Leute des Dorfs nicht stören.

Ohne weiter darüber nachzudenken drückte Soberg sich zwischen die verwilderten Sträucher und Bäume eines aufgelassenen Obstgartens. Ungesehen kam er so bis in Hörweite an den Hügel heran. Er legte sich in den Schatten eines von Brombeeren überwucherten Mauerrests.

Zuerst verstand er nichts von dem, was seine Ohren auffingen. Nach und nach entzerrte sich in seinem Kopf das Gemenge aus Dialekt, fehlenden Einzellauten, seltsamen Betonungen, ungewöhnlichen Bedeutungen so weit, daß er einen Teil der Gespräche verstand. Alles war vollkommen banal; man redete und scherzte über die gewünschten Eigenschaften eines erwarteten Nachwuchses.

Plötzlich hätte er sich fast aufrecht hingesetzt; erst im letzten Moment konnte er diese Reaktion unterdrücken.

Neben dem seltsamen Friedhof glaubte er, einen Sandkasten gesehen zu haben; das ganze Dorf war auf dem Hügel versammelt; es gab kein einziges Kind.

Die unter Gekicher und Scherzen durchgeführte Aufzählung der erwünschten Eigenschaften des Nachwuchses – es sollte ein Sohn sein – war offenbar beendet. Durch Lücken im Wildwuchs sah Soberg die Dörfler langsam zum Platz gehen. Vor der leeren Kirche mit dem seltsamen Stein blieben sie stehen, nun ganz ernst und schweigsam. Eine ältere Frau – sie war es, die sich den Sohn gewünscht hatte – und die beiden ältesten Dorfbewohner, eine Frau und ein Mann, gingen in die Kirche. Die übrigen standen auf dem Platz. War es Zufall, bildete er sich vielleicht nur ein, daß sie ein Fünfeck formten? Er sah die Wirtstochter, im Profil; sie hielt das Auge geschlossen und hatte die Arme vor der Brust verschränkt. Jemand ganz vorn, ein alter Mann an der Vorderspitze des Fünfecks, begann mit einem monotonen Sprechgesang, den die anderen aufnahmen und wiederholten. Gebet, Zauberspruch, langwierig verwickelter Bannfluch? Soberg verstand kaum etwas von dem rhythmischen Murmeln, und was er verstand, ergab keinerlei Sinn.

Jähes Schweigen. Mit schleppenden Schritten kamen die beiden Alten aus der Kirche, blieben neben dem Portal stehen. Dann kam die ältere Frau; sie hatte den Arm um einen Menschen gelegt und führte das Wesen. Aus der Ferne konnte Soberg nicht sicher sein, aber es kam ihm so vor, als ob es ein junger Mann sei, vielleicht zwanzig Jahre alt, mit Stoppelbart und Sabberfädchen am Kinn. Er war nackt; den Kopfbewegungen nach schien er orientierungslos hin und her zu starren. Die Frau – seine Mutter? – strahlte; die anderen, die auf dem Platz geblieben waren, beglückwünschten sie, berührten den jungen Mann. Ein paar jüngere Leute umringten ihn, nahmen ihn bei den Händen und Armen, zogen und schoben ihn dorthin, wo Soberg den Sandkasten gesehen zu haben glaubte.

Er stöhnte auf, schloß die Augen, fragte sich, ob er wahnsinnig sei, vielleicht vom Unfall in seiner Wahrnehmung beeinträchtigt. Ein alter Witz fiel ihm ein – der Besoffene, der vier Männer ins Pissoir gehen und fünf wieder herauskommen sieht: Wenn jetzt noch einer reingeht, ist keiner mehr drin. Er öffnete die Augen, blickte hinüber zur Kirche, dann zu den Leuten.

Sie hatten wieder ein Fünfeck gebildet, diesmal vor dem beschädigten Haus. Er hörte sie rhythmisch murmeln, sah den gestürzten Baum langsam vom Haus gleiten, sah Balken, Steine und Putz die alte Form annehmen.

Die jüngeren Leute kehrten mit dem Neuen vom Sandkasten zurück, kichernd. Sie deuteten auf etwas, das er um den Hals trug. Es mochte ein geflochtenes Band sein. Die Mutter schüttelte den Kopf, näherte sich ihrem Sohn, berührte das Band. Sand rieselte zu Boden; der Hals war wieder nackt. Dann nahm sie den Jungen am Arm und ging mit ihm in das Haus, das eben noch halb zertrümmert gewesen war.

Soberg kroch zurück zur Brombeermauer, streckte sich lang aus, schloß die Augen, vor denen sich Feuerkreisel drehten. Sein Hirn weigerte sich, die Dinge so hinzunehmen, konnte aber keinerlei Erklärung liefern.

Als er erwachte, erinnerte er sich nicht daran, eingeschlafen zu sein. In den letzten Strahlen der sinkenden Sonne glühte der ragende Stein auf dem Hügel in der Farbe reifer Blutorangen. Soberg stand auf. Niemand war zu sehen. Langsam ging er zum Hügel.

Der Obelisk war fünfkantig, aus einem verwitterten, blaßroten Stein. Jemand hatte eine Münze an einer Seite angebracht. Wie der Stein war sie an den Rändern teilweise von Flechten besetzt. Die Schriftzeichen konnte Soberg nicht entziffern; in der Mitte der Münzscheibe sah er die endlose Schlange. Darüber, etwa in Höhe seiner Augen, zogen sich mehrere Bänder mit verschiedenen Schriftzeichen um den Obelisken. Nur eine Schrift konnte er lesen. Am Anfang war das Wort. Alle anderen Zeichen blieben rätselhaft.

Langsam ging Soberg durch die sinkende Dämmerung zurück zum Gasthaus. Auf dem Platz blieb er dort stehen, wo die Mutter den Sohn berührt hatte. Auf dem Kopfstein des Bodens fand er ein Häufchen Sand.

Es gab keine Antennen auf den Dächern. Licht, aber kein fließendes warmes Wasser. Keine Briefkästen. Telefon? Soberg stolperte die Stufen zur Gasthaustür hinauf, zu zerstreut um sie zu zählen. Fast hätte er den Wirt mit Gesten gefragt, ob er bei ihm telefonieren könne; als Stummer. Dann kritzelte er eine Nummer auf einen Bierdeckel und bat die Wirtstochter mit Gesten, dort anzurufen und mitzuteilen, es gehe ihm gut, er werde sich melden. Er schrieb seinen Namen hinter die Nummer. Die junge Frau lächelte und schüttelte den Kopf; es gebe kein Telefon, sagte sie. Wieder kamen die Laute zu spät für die Mundbewegungen.

Er aß wenig und ging früh zu Bett, benommen und ratlos. Vorher spielte er eine Partie Schach mit einem alten Mann, der am Schluß bei Bauerngleichstand einen Turm übrigbehielt. Die Figuren, mit denen er gespielt hatte, waren gelb, Sobergs rot gewesen.

Unruhig erwachte er im Morgengrauen. Durch das unverhängte Fenster sah er einen sich eben auflösenden Turm von Wolken. Als er sich auf die andere Seite drehen und weiterschlafen wollte, öffnete sich lautlos die Tür. Die junge Frau glitt wortlos unter seine Decke. In ihren Augen las er wieder Staunen und Mitleid. Irgendwann öffnete er den Mund, als ob er sprechen wollte; sie riß die Augen auf, beinahe angstvoll. Er schüttelte den Kopf, berührte Lippen und Kehlkopf, und sie lächelte erleichtert. Als er wieder einschlief, murmelte sie etwas, über ihn gebeugt; diesmal stimmten Laute und Bewegungen überein, aber er war schon zu weit weg, als daß er etwas hätte verstehen können.

Nach dem Frühstück beglich er seine Rechnung. Es überraschte ihn, daß der Wirt normale Münzen annahm. Er fühlte sich wohl, gesund, kräftig; die seltsame Verschiebung zwischen Sehen und Hören hatte geendet, und die Kleider, die zu weit gewesen waren, saßen genau richtig. Die Kehle schmerzte kaum noch, und das tiefe Stechen in der Brust beunruhigte ihn nicht weiter. Es würde zweifellos ebenfalls nachlassen.

Als er durch die Tür des Gasthauses trat, schlug die Uhr vom Kirchturm neun; der Klang war angenehm. Die Häuser um den Platz bildeten ein vollkommenes Quadrat. Soberg ging die vier Stufen hinab und atmete tief. Flüchtig dachte er an die drei Männer – oder waren es vier gewesen? – in der Schänke, vor dem Unfall, und an ihr Geschwätz über diesen Ort. Er war sicher, daß sie diesen Ort gemeint hatten, dessen Teil er nun geworden war. Die Hand der jungen Frau lag leicht auf seiner Schulter. Er hatte hier Fleisch gegessen und Fleisch berührt. Er wußte nicht, ob er je wiederkommen würde; der Karrenweg, der neben dem Gasthaus zum Wald und zur fernen Bundesstraße führte, schien nur eine Richtung zu haben.

Der Wirt, der Geiger, der Älteste und die junge Frau verabschiedeten ihn. In den Augen der Wirtstochter sah er keine Wehmut, nur diese Mischung aus Mitleid und Staunen. Sie hofften, er werde wiederkommen, sagten sie, und er sehe aus, als ob es ihm nun besser ginge.

Er nickte, räusperte sich und sagte: »Ja.«

Das Wort hallte über den Platz. Irgendwo klirrte ein Fenster. Der Wirt, der Geiger, der Älteste, die Frau standen einen

Moment wie erstarrt. Die Stufen zur Tür des Gasthauses bröckelten, der Türsturz rieselte, ein Balken krachte herab. Der Wirt und der Älteste rissen Messer aus den Gürteln.

Ungläubig blickte Soberg an sich hinab. Aus den tiefen Stichen in der Brust quoll Blut; die Messer glitzerten in trübem Orange. Dann lösten sie sich auf. Die Augen der jungen Frau... Sie beugte sich über ihn, als er auf dem Boden lag, sagte etwas, möglicherweise *warum,* aber er verstand nichts. In ihren Augen las er Entsetzen. Dann hatte sie nur noch ein halbes Gesicht, löste sich auf, verschwand. Wie das Dorf, der Wirt, der Geiger, der Älteste. Soberg schrie. Er wußte nichts, außer, daß er starb. Etwas hüllte ihn ein, wie klamme Nachtluft. Das Licht ging zu grellem Orange über, dann zu blinzelndem Blau.

Der Grill als Statussymbol

In den letzten warmen Sommern ist der Grill als relevantes Regulativ der soziodynamischen Bezüge immer mehr in den Vordergrund getreten worden. Dies gilt sowohl für seine Funktion als Katalysator in Nachbarschaften, als auch für die Fixierung des Grillbenutzers im hierarchischen Gefüge einer vermeintlich vorgegebenen sozio- und hortikulturellen Freizeiteinheit.

Eingehende Feldstudien unseres Instituts zeigen, daß der Mensch nicht nur ist, was er isset, sondern auch gilt, was und wie er grillt. In der Frage der Statussymbolik zeigt sich der Grill als Nachfolger des eher antiquierten Automobils. Zwar fehlt ihm dessen weitschweifige Beweglichkeit, doch erreicht er mühelos die weitschweifige Duftintensität, ja, er übertrifft sie sogar. So ist etwa zu bemerken, daß unter den Insassen von Etagenwohnungen jener meistberedet ist, der als einziger einen Grill auf seinem Balkon installiert und die Nachbarn zu genüßlichem Mitriechen drängelt. Sofern sie es nicht vorziehen, das Fenster zu schließen oder umzuziehen.

Dort, wo mehrere Grillanten funkeln, wo man seltener das Zirpen denn das Zischen der Grille vernimmt, richtet sich das Ansehen des einzelnen nach der Opulenz der Einzelheiten. Jener, der an seinem Grill die meisten Gäste anstehen hat, also der mit der längsten Grillenschlange, erregt Bewunderung oder jenen Neid, den die Wissenschaft als Grillgroll bezeichnet. Förderlich ist auch die Anwesenheit von Prominenz unter den Gästen, etwa des Generalsekretärs der UNO.

Dem Ansehen zuträglich ist ferner die Verwendung erlesener Rohstoffe. Der klassische Fleischgrill wird in seiner reputierlichen Wirksamkeit bei weitem übertroffen durch einen Fisch- oder gar Krill-Grill. Auch kann exotisches Personal nicht hoch genug eingeschätzt werden, etwa verwachsene Siamesen zur Bedienung eines dreifachen (Drill-)Grills.

Letztlich entscheidet jedoch die Qualität des Grills selber. Ein alter Mühlstein, bedeckt mit einem schmiedeeisernen Gatter, ist ungleich wirkungsvoller als ein simpler Tischgrill. Die repräsentativen Angebote der Hersteller reichen von ausgedienten Benzinfässern, mit Stoßdämpfern als Grillrost, bis zu Schieferurnen mit Walrippen. Je größer und teurer das Gerät, desto angesehener der Besitzer.

Sprüche aus dem kauenden Volksmund wie »Das Fleisch ist grillig, der Geist ist zach« oder »Wo ein Grill ist, ist auch ein Steak« zeigen, daß diese Beziehung auch umgekehrt gilt. Wer einen einmal erreichten Status konservieren will, ist gezwungen, sich baldigst ein entsprechendes Grill-Emblem in den Garten zu stellen; denn die Welt ist Grill und Verstellung. Die Kompliziertheit dieser neuen Hack- und Backordnung belegt eine diskrete Untersuchung des Grillverhaltens in einem hiesigen Villenviertel.

Der Besitzer einer Villa mit zwei Swimmingpools betreibt in seinem fünf Morgen großen Garten unter einer Sequoia einen Grill, der aus grünem irischen Marmor besteht sowie dem entwandeten Fenstergitter aus einem Frauengefängnis. Bei den Nachbarn gilt er trotz mehrerer Limousinen als Bankrotteur, denn er grillt nur Fleisch, und dies auch noch auf Holzkohlen aus dem Supermarkt. Man grüßt ihn nur widerstrebend.

Ein anderer genießt den Respekt seiner Umgebung. Sein Grill ruht auf mehreren kleinen Nachbildungen der Sphinx von Gizeh, und seine Holzkohle bezieht er von einem greisen buckligen Köhler aus der Bretagne. Alle drei bis vier Wochen schickt er seinen Chauffeur dorthin, Nachschub zu beschaffen. Dieser Mann läßt amerikanische Wagen fahren und besitzt eine riedgedeckte Vierfachgarage. Er verwendet nur argentinisches Steakfleisch und kroatische Mischwürste.

Noch angesehener ist ein weiterer Villenbesitzer. Er bewohnt, mit vier Sekretärinnen, einen nachempfundenen Renaissance-Palazzo und fährt eine weiße Kutsche, die von vier Rappen gezogen wird. Sein Fleisch holt er mit dem privaten Lear-Jet von einer Lämmerzucht in Neuseeland. In seinem weitläufigen Garten befindet sich eine kleine Insel inmitten eines tiefblauen Sees. Auf diesem Eiland erhebt sich ein fünfeckiger Grill aus handgetriebenem Toledo-Stahl. Nach getaner Atzung versinkt der Grill auf Knopfdruck; an seiner Stelle erscheint ein mundgeblasener Goldfischbehälter, der einen Spieltisch trägt. Dort finden häufig neckische Pfänderspiele auf Roulette- oder Baccarat-Basis statt, bei denen sich die Sekretärinnen auszeichnen.

Alle Bewohner des Viertels jedoch neigen sich in Ehrfurcht vor einem geheimnisvollen Manne, der nebenan wohnt. Er lebt in einem tückischen, schlichten Backsteinhaus und gilt als Magier oder zumindest König im Exil, denn er geht zu Fuß und besitzt keinen Grill.

Nachruf auf Wilhelm Ribbrocker

Vor wenigen Tagen starb jäh aber erwartet Wilhelm Ribbrocker, der Querkopf der deutschen Publizistik. Da er frühvollendet war, gilt sein Tod allgemein als tragisch, nicht jedoch als Verlust.

Ribbrocker wurde auf einem kleinen Bauernhof am linken Niederrhein geboren. Nach Absolvenz des Gymnasiums befliß er sich eines läßlichen Studiums der Geisteswissenschaften. Er wurde zum Doktor phil. promoviert gelegentlich einer Arbeit über die Behandlung von sowie auch den reimtechnischen Umgang mit Leichen in der europäischen Literatur. Hierzu bemerkte er später, er habe eigentlich Gerichtsmediziner werden wollen, doch sei die Feder auch eine Art Skalpell. Bei einem Friedhofs-Happening mit anschließendem Talk-in ging er ausführlicher auf die Relevanz des Themas Leiche ein.

»Wenn Sie mich nun frügen: zu was? Wenn Sie nun einwürfen, man solle über die Toten wenn schon, denn schon nur Gutes sagen und nicht schlechte Leichengedichte analysieren; wenn Sie einwünden, ich sollte mich vom lebenden Stoffe nähren, statt es dem Totenwurme gleichzutun – ei wie denn nun füglich, o Sokrates: Ist etwa ein Unterschied zwischen dem Lebenden und dem Toten, abgesehen vom Leben? Ist nicht die gestrige Zukunft heute vergangen, die morgige Gegenwart heute Traum, die heutige Gesetzesakte morgen Altpapier?«

Nach dem Ende seiner glückhaft kurzen akademischen Bahn nahm er das riskante, aber würdelose Metier des freien Journalisten auf:

»Natürlich könnte ich auch Lehrer oder Professor werden. Aber wozu soll ich Leuten, die *mich* nicht interessieren, etwas beibringen, was *sie* nicht interessiert? Außerdem gedenke ich nicht, mein Erstgeburtsrecht der Freiheit um das Linsengericht einer Pensionsberechtigung zu verschleudern. Unter anderen Umständen wäre ich gern Märchenerzähler geworden. Dieser Kunstzweig ist heute unterteilt; es gibt Journalisten, die Märchen erfinden und nicht daran glauben, und Politiker, die einen glauben machen wollen, sie glaubten, was sie erzählen. Da ich zur Politik weder den nötigen bösen Willen noch die unabdingbare Naivität aufbringe, bleibt mir nur die Publizistik.«

In seinen Schaffensjahren gelang es ihm, wenn nicht berühmt, so doch notorisch zu werden, zumindest in einem Teil der konzentrischen Kreise, die hierzulande Öffentlichkeit simulieren. Er schlug sich mit Glossen und Possen durchs Leben und war grundsätzlich anderer Meinung; oder zumindest meinte er Sonderliches.

»Es ist ein bemerkwürdig Ding, daß in dieser Republik ein Scherz als solcher kenntlich gemacht werden muß. Läßt man den Hinweis ›Vorsicht, Witz!‹ fort, wird dies, wenn überhaupt, übel vermerkt. Ich ziehe jedoch die nichtetikettierte Narretei vor – Witz ohne Präservativ, wenn Sie so wollen. Mein höchstes Ziel wäre es, alle erreichbaren Fettnäpfchen so aufzustellen, daß es unvermeidlich wird, in möglichst viele gleichzeitig zu treten.«

Seine Tätlichkeiten erstreckten sich auf nahezu alle Gebiete des öffentlichen Desinteresses und durchlauchten die vermeinte deutsche Politik ebenso wie die behördlich geregelte Kultur.

»Talent allein reicht nicht; man braucht ja auch eine Genehmigung, es anzuwenden. Zu den übelsten Formen der Zensur gehört zweifellos das Subventionswesen. So werden im Theater öffentliche Gelder an regieführende Wichtigtuer verschleudert, damit sie die Werke großer Dichter vernichten. Ob da nicht Bücherverbrennung billiger und ehrlicher wäre? Zwar schlägt vor allem Shakespeare oft gnadenlos aus dem Grabe zu und macht hanebüchene Regisseure lächerlich, aber leider ist nicht auf alle Autoren Verlaß. Vielleicht sollten die Behörden anders verfahren. Man stelle Theater zur Verfügung, besolde die Bühnenarbeiter und zahle den Dramatikern ein Garantiehonorar. Regisseure und Schauspieler hingegen sollten von dem leben, was das Publikum einbringt. Das möchte dazu führen, daß Regisseure wieder mehr an Menschen und weniger an lobselige Kollegen denken.«

Aber Ribbrocker vermochte sogar verkannten intellektuellen Beschäftigungen wie dem Fußball neue Aspekte abzugewinnen. »Ein Land, in dem schon ein schlechter Fußballer mehr verdient als Ulla Hahn, braucht sich über den Mangel an erstklassigen Kickern und lesbarer Prosa nicht zu wundern.«

Besonders gern unternahm Ribbrocker Ausflüge in die Fundamente beziehungsweise Kellergewölbe der Politik. Eines seiner Lieblingsthemen war der schwer zu behandelnde Komplex, den man in geschlossenen Anstalten als Staatsphilosophie bezeichnet.

»Ich nenne es ungern Staatsphilosophie, sondern lieber den Blut-Boden-Heimat-Komplex, kurz Blubohei. Sicher ist es wichtig, ob man irgendwo gut leben oder frei atmen kann. Um das zu erreichen, also ein bestimmtes Ziel, sollten Menschen sich zusammenschließen. Wenn das Ziel erreicht ist, hat der Zusammenschluß seinen Zweck erfüllt und sollte enden. Es ist nun aber so, daß diese Zusammenschlüsse, auch Staaten genannt, so viel Gefallen an der eigenen Existenz finden, daß sie den Menschen unausgesetzt einreden, man müsse sie grundsätzlich beibehalten, selbst wenn ihr Ziel erreicht ist. So wird der Notbehelf der Gemeinschaft zum Daseinszweck an sich; so werden Zufälle des Erdbodens wie Berge oder Flüsse zu vaterländischen Grenzen; und die flüchtige, kaum faßbare Substanz namens Muttersprache wird von Politikern, die sie nur mangelhaft beherrschen, zum Band der Bande der Nation erklärt. Die Bande sind die Politiker.«

Hierzu sollte man erwähnen, daß Ribbrocker auf dem Höhepunkt der Ostlandkrise des Bundestages ein als Artikel bezeichnetes revanchistisches Poem veröffentlichte. Es fand den heftigen Beifall der Heimatvertriebenen – bis sie entdeckten, daß Ribbrocker im Gedicht nur die Annexion von Togo, Elsaß-Lothringen und dem Bismarck-Archipel forderte.

Manchmal bemächtigte sich der Zufall jener Possen, die Ribbrocker in Umlauf brachte, und steigerte sie über das vom Urheber vorgesehene Maß hinaus. So beschloß Ribbrocker eines Tages, die Unterwelt der wichtigeren Hafenstädte des Mittelmeers zu erforschen. Die Berichte darüber garnierte er mit Schlagzeilen aus einem antiken Unterweltsbericht. So trug ein Artikel über diverse Vorfälle im Hafen von Neapel den Titel »Sodom und Camorra«. Der nächste Bericht, aus dem Libanon, lautete »Sidon und Gonorrhoe«. Diesem Artikel widerfuhr es, daß eine arabische Zeitung sich seiner bemächtigte, den Schauplatz nach Haifa verlegte und antizionistische Propaganda daraus machte – unter der Überschrift »Shalom und Syphilis«. Ein französisches Blatt wiederum glossierte den Vorfall unter »Penem et circenses«.

Vorübergehend unvergessen wurde Ribbrocker durch seine famose Sechs-Punkte-Erklärung zur Reform der deutschen Politik.

»Erstens: Einführung des Mehrheitswahlrechts – damit

die Schnösel wenigstens einmal in vier Jahren ihre Arroganz verlieren und begreifen, von wem sie Macht und Geld erhalten.

Zweitens: Abschaffung des Wahlkampfs. Entweder sind wir mündige Bürger und politisch informiert, dann brauchen wir diesen Zirkus nicht, den wir auch noch selbst finanzieren. Oder wir sind keine mündigen Bürger, dann können wir uns aber keine Demokratie leisten.

Drittens: Vor den Wahlen treten im Wahlkreis nur die dort aufgestellten Kandidaten an, und zwar ohne Kennzeichnung, welcher Partei sie angehören. Bei der Präsentation sollte über alles geredet werden, was der Bürger wissen muß, um sich ein Bild vom Kandidaten zu machen. Politische Irritationen und Zwangsvorstellungen gehören nicht dazu.

Viertens: Parlamentarische Abstimmungen, bei denen nicht mindestens ein Drittel der Abgeordneten gegen ihre Fraktion stimmt, sind ungültig. Abgeordnete sind ihrem Gewissen verpflichtet, sofern sie eines haben. Daß in irgendeinem Fall Fraktionszugehörigkeit und individuelles Gewissen *aller* Abgeordneten sich decken, ist unglaubwürdig.

Fünftens: Saubere Trennung von Legislative und Exekutive. Aufgabe des Parlaments ist es, die Arbeit der Regierung zu kontrollieren; hierbei haben Mitglieder der Regierung nichts zu suchen. Beamte, die als Staatsdiener der Exekutive angehören, sind als Abgeordnete nicht zulässig.

Sechstens: Einführung einer Floskelglocke oder Phrasenbimmel. Wenn ein Abgeordneter nichts beziehungsweise Floskeln sagt – z. B. »und lassen Sie mich das ganz klar sagen« oder »eine Aussage zu diesem Problemkomplex müßte zunächst von den zuständigen Ausschüssen ventiliert werden«; wenn also jemand solches oder ähnliches äußert, klingelt die Phrasenbimmel. Jedes Bimmeln kostet fünfhundert Mark; dreimaliges Bimmeln in einer Rede führt zum sofortigen Ausschluß des Redners von der Debatte.«

Gelegentlich mischte Ribbrocker sich auf triumphale Weise in die Literatur. Einmal veranstaltete er eine Dichterbeschimpfung, bei der er dem Publikum Zettel mit unflätigen Anreden zur Verfügung stellte. Als besonders beliebt erwiesen sich Prägungen wie »Courths-Mahler für Linke«, »Sabbersack«, »Dudeldödel«, »exhibitionistischer Langweiler« und »Ist das noch *Nouveau roman* oder schon Durchfall?« Bisweilen verirrte er sich gar in die Metaphysik, so zum Beispiel mit einem kleinen enzyklopädischen Artikel über »Einige Randprobleme der Metaphysik des Aberglaubens«. Darin handelte er Stichworte ab wie »Staat«, »Metaphysik« oder »Gottesbeweis«. Zum letzteren Punkte fügte er als Illustration einen von den falschen Leuten ernstgenommenen Gerontologischen Gottesbeweis bei. Mit diesem demonstrierte er, daß er die Logik ausreichend beherrschte, um sie souverän zu mißachten.

»Nehmen wir an, in unserem Begreifen existiere etwas, das älter ist als alles andere. Was wir uns vorstellen, existiert in unserer Vorstellung. Aber das allein reicht nicht. Wenn wir uns heute vorstellen, etwas existiere, das älter ist als alles andere, und wenn wir dies messen an einem Baum, der gestern bereits alt war, so können wir uns zwar vorstellen, unser heute imaginiertes Wesen sei schon immer dagewesen und folglich älter als der genannte Baum. Dieser aber, wiewohl in Ewigkeit jünger, ist in der Realität schon einen Tag länger alt. Denn das Wesen haben wir ja erst heute erdacht. Um also wirklich älter zu sein als alles andere, müßte dieses Wesen wirklich existieren. Denn es ist ja auch möglich, sich ein Wesen vorzustellen, das so alt ist, daß seine bloße Nichtexistenz unvorstellbar wäre, und dieses Wesen wäre zweifellos älter als eines, dessen Nichtexistenz uns denkbar erschiene. Mit der Dauer der Existenz nimmt die Wucht der Wirklichkeit zu. Es muß also ein Wesen geben, das so alt ist, daß man sich nicht einmal vorstellen kann, es habe irgendwann einmal nicht existiert. Ergo: Diesem Greise alle Preise!«

Hiermit sind wir bereits bei seiner vorletzten Liebhaberei, der angewandten Logik. Sie führte ihn zurück zum Anfang seiner Laufbahn, zur Geschichte, wenn auch nicht zu den Leichen.

»Santayana sagte, wer aus der Geschichte nichts lerne, sei dazu verdammt, sie zu wiederholen. Hier stellt sich das Problem der angewandten Logik – nicht, wohlgemerkt, der formalen Logik. Auch wer aus der Geschichte die falschen Schlüsse zieht, wird sie wiederholen müssen, wenn auch vielleicht umgekehrt. Nehmen wir den modischen Pazifismus als Beispiel. Unsere Vorfahren haben keinen Widerstand gegen eine Tyrannei geleistet; daraus ergibt sich für einige heute Widerstandspflicht gegen eine Demokratie. Unsere Vorfahren haben wehrlose Nachbarländer überfallen; daraus ergibt sich für einige heute, daß man sich nicht wehren dürfte, wenn man von einem Nachbarland überfallen würde. Dies Verfahren ist, wie gesagt, der formalen Logik kaum bekannt. Ich schlage vor, es in den Katalog aufzunehmen als Friedensmagischen Umkehrkurzschluß.«

Eine letzte Arbeit, von der bedeutende Auswirkungen hätten erwartet werden können, nahm er noch kurz vor seinem Tod in Angriff. Zum Glück war Ribbrocker nicht mehr im Stande, sie zu vollenden. Es handelt sich um eine Bibliothek Verbesserlichen Schrifttums. Bruchstücke fanden sich unter Ribbrockers nachgelassenen Papieren. Als erstes in dieser Reihe, als ersten Band eines epochalen

Großwerks, hatte Wilhelm Ribbrocker beabsichtigt, die Lyrik des Rainer Maria Rilke ins Deutsche zu übersetzen. Eine Kostprobe:

Polizeistunde

Herr: es ist Zeit. Der Abend war sehr schön.
Das Ordnungsamt wirft Schatten auf die Uhren.
Laß auf den Fluren deinen Wind nicht gehn.

Befiehl den letzten Früchtchen voll zu sein;
gib ihnen noch zwei südlichere Tritte,
das drängt sie zur Vollendung hin. Ich bitte
die letzte Süße heim zu trocknem Wein.

Wer jetzt kein Haus hat, baut heut nacht keins mehr.
Wer jetzt allein geht, wird's bis morgen bleiben,
wird wachen, lesen, lang den Bauch sich reiben
und wird auf dem Behälter hin und her
unruhig rutschen, wo die Blätter treiben.

Ob Ribbrocker eine Bedeutung hatte, ist schwer zu sagen. Vielleicht die des Narren, dessen Fürst in die Geschichte eingeht, während der Narr aus ihr aussteigt. Aber er hatte keinen Fürsten. Es war seine Idee, alles Ernste zu verspotten – Ideen, Nationen, Beamtenrecht, Lyrik und andere Formen epidemischen Irrsinns werden harmlos, wenn keiner mehr für sie kämpft, sondern nur noch lacht. Wilhelm Ribbrockers amüsante Tragik war, daß man seinen Spott ernstnahm. Der Republik der Ernsthaften in uns allen ginge es besser, gäbe es mehr. Aber die Wirklichkeit zog den Schlußstrich mit ihrem dröhnenden Urteil: Wenn schon, dann lieber nicht.

Mundwerk

aus: P. F. Rimposh, »Zwischen Gruft und Gaumen – Die Großen Gourmets tagen«, in GASTROLAB IV/407

»Wenn Sie diese Ausgabe in Händen halten, liebe Freunde der gepflegten Atzung, werden die Zwölf Grandgourmets sich an Bord ihres Freßkahns Lukul *versammelt haben und über ein Problem beraten, welches alle Medien des Commonwealth der Menschheit bannt, alle Klatschkolumnisten fiebern und alle Esser erwartungsvoll schmatzen läßt. Anfang April, wie jedes Jahr, kommen* SIE *über dem Südpol unserer Zentralwelt Gaia zu Beratung und Vorbereitung zusammen; irgendwann danach wird die* Lukul *ihren Park-Orbit verlassen und eine vielleicht bis dahin namenlose, hinfort berühmte Welt ansteuern. Tausende Journalisten, Myriaden Touristen und zahlsowie furchtlose Feinschmecker werden mit privaten oder öffentlichen Schiffen ebenfalls dorthin eilen, um den betreffenden Planeten zu besichtigen, seine Spezialitäten zu kosten, die Zusammensetzung des großen Jahresdiners zu erraten und die Wirtschaft einer Randwelt zu fördern … Im Oktober werden* SIE, *die Grandgourmets, zehn Tage lang alle Verpflichtungen und* IHRE *Vermögen vernachlässigen, um vier Vertreter der ausgewählten Welt sowie zwölf erlesene Ehrengäste aus dem Commonwealth zu* IHREM *Jahresdiner zu laden … Kern ist das* Hauptmenu *mit zwölf Gängen; den Regeln des Clubs entsprechend hat jedes Gericht Gifte zu enthalten, die bei falscher*

Anwendung von Messer und Gabel, bei falscher Kochzeit oder bei falscher Kombination mit Beilagen bzw. Getränken vielfältig tödlich sein müssen – von Gaumenfreuden zu Grabesfrieden ... Es ist dies der ultimate Nervenkitzel JENER *Zwölf, die* jährlich eine Million Drachmen – *1 000 000* dr! – *als Clubbeitrag zahlen und dies mühelos können. Hiervon wird die* Lukul *instandgehalten, hiervon werden zwischen Dezember und April Gäste im Orbit über Gaia bewirtet, hiervon richten* SIE *das morbide, großartige, faszinierende, epische Jahresdiner aus ... Keiner von* IHNEN *ist älter als 49 Jahre; es heißt, an Bord gebe es bei den mehrtägigen Jahresdiners vielerlei Zerstreuungen, die ... Kondition verlangen. (Erinnern wir uns:* SIE *sind sechs Frauen und sechs Männer, ebenso die zwölf Gäste – strikte Parität der Geschlechter, strikte Beachtung der Altersgrenze von 49 Jahren.) Für die vier Vertreter des jeweiligen ›Gastgeberplaneten‹ ist die Teilnahme eine ephemere Ehre; für ihre Welt vielleicht der Beginn einer großen Entwicklung; für die zwölf Ehrengäste ist es der ultimate Ruhm, die letztmögliche Prominenz, allenfalls vergleichbar mit den nahezu mythischen Nobelpreisen der alten Erde. Unsummen sollen geboten worden sein für eine Einladung, aber* IHR *Reichtum ist über alle Bestechung erhaben. Und daß seit Gründung des Clubs der Zwölf Grandgourmets vor 33 Jahren fünf von* IHNEN *und vierzehn Ehrengäste an Gift starben – daß die Behörden bei Todesfällen während der Jahresdiners jede Ermittlung verweigern – daß Lebensversicherungen für die Zeit der Teilnahme suspendiert sind – daß absolute Diskretion über die ›sonstigen‹ Vorgänge gewahrt wird, verleiht jenen Hauch des Mystischen, der vielleicht alles erst wirklich ausmacht ...«*

Am 4. 4. 407 Commonwealthzeit einigten sich die Zwölf Großen Gourmets über die Gästeliste und den anzufliegenden Planeten, dessen Fauna und Flora den Hauptteil der giftigen Genüsse zum Jahresdiner liefern sollten. Am 8. 4. wurde, nachdem alle Geladenen angenommen und die Vertreter der »Gastwelt« zugestimmt hatten, die Gästeliste veröffentlicht. Auf der armen, bedeutungslosen, nicht sehr lebensfreundlichen Randwelt Orbasang wurden fünfmal so viele Gästebetten, Restaurantplätze und Liegefelder für Raumyachten vorbestellt, wie der Planet überhaupt besaß; ein Bauboom setzte ein, Investoren von den reichen Welten des Commonwealth schickten Prospektoren und Prüfer aus. Orbasang, sechster Planet der Sonne Zetragon, wurde von Berichterstattern überflutet. Ebenso die Heimatwelten der Gäste, die schlagartig prominent und reich wurden:

– Dulcinea Deliciana, 28, Tri-V-Star, Schauspielerin und Sängerin von Gaia, ließ die samtrosa Oberfläche ihres gefeierten Körpers berechnen und verlangte (und erhielt) für Aktaufnahmen tausend Drachmen pro Quadratzentimeter;

– Jeanine Dumitrescu, 39, seit dem Jahre 404 nach einem Putsch Diktatorin des Planeten Ambal Tong, kam einer längst ergangenen Aufforderung des Obersten Gerichts des Commonwealth nach (und einer Flottenaktion zuvor), indem sie Wahlen ausschreiben ließ, die sie dank der milchstraßenweiten Publicity und der sich daraus ergebenden Vorteile für Ambal Tong glänzend gewann;

– Pandolf Grisebach, 43, Komponist, wurde Ehrenbürger seiner Heimatwelt Vance, wo er zuvor nichts aufführen konnte, da man ihm ob der »atonalen Quiekerei« seiner Werke mit Steinigung gedroht hatte; er erhielt zahlreiche

Aufträge, darunter den für ein szenisches Oratorium über die Wirren Jahrhunderte, aufzuführen in der Oper der Welten zu Atenoa, Gaia; der Vorschuß betrug zwei Millionen Drachmen;

– Ishmael Ben Hadad, 30, von Pilatro, Astronavigator und seit kurzem Inhaber des Langstreckenrekords für Kleinstraumer, wurde zu hochdotierten Vorträgen und Demonstrationsflügen geladen und fand eine Gruppe Mäzene, die ihm eine Expedition in die Kleine Magellansche Wolke ausrüsteten;

– Belinda Marathi, 35, von Phi Ombrage, Erfinderin des Tri-V-Sensobordells, eröffnete eigene Sendekanäle auf den meisten Hauptwelten;

– Omar diNallo, 41, Journalist von der Randwelt Nestoria, verdiente astronomische Honorare als Gastkommentator aller Medien und Sender des Commonwealth;

– Eirene Naqshband, 29, Malerin, bis dahin nicht einmal auf ihrer Heimatwelt Ulalume bekannt, hatte kaum je mehr als 150 *dr* für ihre Metalandschaften und Pataportraits erhalten; über Nacht stiegen die Preise auf 100 000, nach drei Wochen lagen sie bei einer Million;

– Aram Nazagdordzh, 36, der auf der Farmwelt Efradan die schmackhafte Polytrüffel gezüchtet hatte, schloß langfristige Lieferverträge mit Importeuren von Delikatessen, mit Restaurantketten, mit Gourmetvereinigungen ab;

– Lutricia Panagoulis, 40, Lyrikerin aus Atenoa, Gaia, verkaufte innerhalb weniger Tage 30 Millionen Exemplare ihres neuen *mikrolibro* mit dem sperrigen Titel *Unwegsame Sonette;*

– Nikefor Takeshita, 29, Winzer vom Planeten Lope, hatte zwei Tage nach Veröffentlichung der Gästeliste sämtliche Weine (zu verzehnfachten Preisen) aller Ernten der nächsten zehn Jahre verkauft;

– Vubomir Ytong, 46, von Gaia, Varietékünstler und Magier mit dem Beinamen »Der Verblüffende Würger«, erhielt Gagenangebote in Millionenhöhe, für Jahre im voraus;

– Osvina Zamyatin, 33, Gaia, Chefköchin des Orbitalkasinos, konnte vier Tage nach Veröffentlichung der Gästeliste ein Restaurant an der Großen Esplanade von Atenoa ihr eigen nennen.

Natürlich berichtete man auch über die Grandgourmets. Clubsprecher Tendo Malaqesh, Großreeder, wurde über die neuen Legierungen für die von seinen Unternehmungen hergestellten Raumschiffe befragt; Ivar Hogwash zeigte sich in der Kanzel des neuesten sportlichen Supergleiters eigener Fertigung; Onton Sarodji, reichster Mann (Uranminen) und Premier von Korydon, ließ sich filmen, während er dem Obmann des größten Tempels der Fruchtbaren Paarung einen Scheck überreichte; Melanippe Tehrani sprach von den Purgationsriten, denen sie sich nach dem Jahresdiner würde unterziehen müssen, da die asketischen Bewohner von Lagash, wo sie zu Billiglöhnen Sendemodule für Hyperfunkanlagen herstellte, andernfalls vielleicht in Streik träten ...

Am 15. Oktober Standardzeit* übertrugen die Sender das »Willkommen« von Bord der *Lukul;* danach wurde die Öffentlichkeit ausgeschlossen. Es würde einige aufbauende Vormahlzeiten geben, unterbrochen von Darbietungen der Gäste zu Ehren ihrer Gastgeber; dann, am 23. Oktober, das Große Jahresdiner.

Am 24. 10. 407 war Vubomir Ytong tot. Der Magier starb lange nach dem Ende des Diners. In den Speisen und Getränken der zwölf Gänge waren 176 Gifte enthalten. Ytongs Unterleib detonierte; eine betonähnliche Substanz füllte

* Der 1. Januar 2501 AD fiel mit dem Mittsommertag auf der Nordhalbkugel der Commonwealth-Hauptwelt Gaia zusammen und wurde zum 1. Januar CT erklärt. Das Gaia-Jahr (12 Monate à 27 Tage à 25 Stunden à 100 Minuten) ist das Standardjahr des Commonwealth.

Blase, Harnleiter und Teile der Bauchhöhle, expandierte, verband sich mit Körpergewebe und bildete harte Stränge und Knoten von fast zehn Zentimeter Durchmesser. Keines der 176 Gifte und keine denkbare Kombination konnte derlei bewirkt haben.

Am 25. 10. lehnte der SIC* es ab, in dieser Angelegenheit zu ermitteln; die Behörde verwies auf eine Grundsatzentscheidung des Obersten Gerichts von Atenoa, daß Teilnehmer an Jahresdiners potentielle Selbstmörder, und daß Todesfälle bei den Diners – außer bei eindeutigen konventionellen Mordmethoden – Selbstmorde durch Gift seien.

Fünf Tage danach, am 3. November, nahm Aristide Montgomery (»Mungo«) Carteret, Privatagent, in seinem Haus auf den Strandfelsen von Jobourg, Euro-F, Erde, den Anruf eines blasierten Mannes entgegen. Der persönliche Sekretär des Clubsprechers und Großreeders Malaqesh trug ihm an, binnen siebenundzwanzig Tagen den Fall zu klären – gegen Transport, Garderobe, Verpflegung, tausend Drachmen pro Tag sowie im Erfolgsfall einen Bonus von 100 000 *dr.* Er nahm an.

Malaqeshs Privatyacht, in anderen Angelegenheiten nur zwei Tagesreisen vom Solsystem entfernt, holte Carteret vom Raumhafen EuroNord ab. Die Wetterkontrolle hatte für das Gebiet um die Stahlinsel vor der Themsemündung Nieselregen verordnet; Carteret folgte dem Transportrobot, der den schweren Koffer zur Yacht brachte, und wünschte sich, er hätte statt der Lederjacke andere »Garderobe« angelegt. Der Regen rann aus seinem dunklen Haar unter den Hemdkragen. In der Schleuse der MLQS II warteten zwei schweigsame Männer in scharlachroter Uniform. Sie führten

* Servis Investigativo del Commonwealth, zentrale Ermittlungsbehörde mit Büros und Agenten auf den meisten Welten; im Zweifelsfall örtlichen Polizeidiensten gegenüber weisungsbefugt.

ihn zu einer Kabine, wo er die meiste Zeit des fünftägigen Flugs nach Orbasang verbrachte. Mit einem Liner, danach einem kleineren Zubringer ab Aspasia hätte Carteret dreizehn Tage gebraucht; offenbar legten die Grandgourmets Wert auf schnelle Ermittlung.

Die Besatzung war kühl, höflich und fast stumm; die Yacht funktionell und von schlichtem Luxus. Der handgeknüpfte tausendfarbige Seidenteppich in Carterets Kabine stammte zweifellos von Kyme IV, das *Stilleben mit Gorgo und Dudelsäcken* an der Wand des Speisesalons war zweifellos ein echter Qabil, und Malaqesh hatte zweifellos Geschmack. Natürlich war der Reeder, wie die anderen erlauchten Gäste und Gourmets, längst wieder dort, wo sein Geld seiner bedurfte; immerhin hatte man die *Lukul* im Orbit um Orbasang gelassen. Angesichts der Herkunft der giftigen Speisen und Getränke mochte eine Nachforschung auf dem Planeten nötig werden. Im Orbit, an Bord der *Lukul,* warteten die Mitglieder der Rumpfbesatzung auf Carteret. Außerdem warteten ein Toxikologe, zwei Robot-*medikos* und der konservierte Leichnam des Magiers Ytong.

Auf dem Flug befaßte Carteret sich immer wieder mit den Daten – Qorba Salibi, Leutnant des SIC, Mungos Freund seit der gemeinsamen Zeit bei der Flotte und der gemeinsamen kriminalistischen Grundausbildung, hatte ihm wahrscheinlich mehr überspielt, als eigentlich zulässig war.

Stundenlang hockte er vor dem kleinen Lesegerät, torkelte durch die Irrgänge der Giftlehre und der Schlemmerei. Der *kompakt* – Kommunikator, Datenbank und Analysator in einem – hatte die *mikrolibros* aus Carterets Bibliothek ausgesucht. Manchmal wünschte Mungo, er hätte zum Trost einen Seneca oder Aphorismen von Ashme Zuvarov Chou mitgenommen, vorzugsweise als Lederband. Er führte lange sinnlose Gespräche mit dem *kompakt,* dessen Baritonstimme aus dem linken Auge des ihn umgebenden Totenschädels drang; manchmal, wenn das Gerät, das er Moloch nannte, ironisch wurde, starrte Mungo wütend in die Aufnahmeoptik des rechten Auges. Es war eine üble Reise. Der Tagessatz von 1000 *dr* entsprach dem, was er in Jobourg pro Monat brauchte, um Bibliothek und Weinkeller aufzufüllen und erotisch zu wildern, aber Carteret fand, das Geld sei durch diese Form des Nichtstuns sauer verdient.

Immerhin gelang es ihm, bis zur Ankunft im Zetragon-System die Grandgourmets, die Gäste, die Namen, die Gesichter auseinanderzuhalten. Qorba Salibi hatte die alphabetische Gourmet-Liste um etliche Informationen ergänzt, für die Carteret zunächst noch keinen Bedarf hatte; die Angaben über das jeweilige Vermögen waren anfangs atemberaubend, später bloße leere Zahlen.

Carmen del Bosque, 36, NeuGranada; Viehzucht, Besitzerin des halben Südkontinents, Mäzenin; Vermögen ca. 530 Milliarden Drachmen;

Hugo Fogelnyst, 42, Atenoa/Gaia; Haupteigner des FNT-Konzerns (Flottenzubehör, Parachemie, Hyperquarz-Synthese etc.); ca. 500 Mrd. *dr;*

Ubaldo Fymp, 46, Gaia; Haupteigner (51 %) der Luxushotel-Kette TRANSIT, ca. 410 Mrd. *dr;*

Alma Harkenbark, 45, Gaia; Besitzerin der Tri-V-Studios MYSA in Atenoa; ca. 200 Mrd. *dr;*

Ivar Hogwash, 33, Shari; Besitzer (Erbe) der Gleiter- und Raumyacht-Produktion TANTRATURBO; ca. 600 Mrd. *dr;*

Angela Hu, 40, Lionardo; Physikerin, Erfinderin des verbesserten Plasmakonverters; ca. 350 Mrd. *dr;*

Laskar Kelaskar Ask, 47, Gaia; Haupteigner der ComMinEx (Asteroiden-Prospektion); ca. 700 Mrd. *dr;*

Dagmar Labouheyre, 47, Kappa Metagonion; Haupteignerin der FARMAMAT-Werke; ca. 600 Mrd. *dr;*

Tendo Malaqesh, 48, Gaia; Großreeder, Werften, Kampf- und Frachträumer; ca. 2000 Mrd. *dr;* Sprecher der Grandgourmets;

Onton Sarodji, 39, Korydon; Premier des Planeten, Besitzer der Uranminen von Korydon-Nord; ca. 800 Mrd. *dr;*

Melanippe Tehrani, 34, Lagash; Apparate, Zubehör, Module und Patente für Hyperfunk; ca. 600 Mrd. *dr;*

Lusita Tindaram, 42, Tekrosyne; Herstellung und Vertrieb von Tri-V-Metaspielen; ca. 250 Mrd. *dr.*

Carteret bedauerte die beiden Tri-V-Damen Tindaram und Harkenbark beinahe als arme Schlucker. Immerhin kamen ihm die hunderttausend Drachmen, sein hypothetischer Bonus, nicht mehr ganz so großzügig vor. Keiner der Grandgourmets würde einen solchen Betrag auch nur registrieren. Oder doch? Wahrscheinlich doch; einem alten Sprichwort zufolge kommt haben von festhalten.

Auch die Rumpfmannschaft der *Lukul* trug Scharlachrot. Kapitän Ffoulkes zeigte ihm noch aus der Schleuse die drei Dutzend Boote von Medienhyänen, die die *Lukul* umkreisten; dann brachte er ihn in den Salon. Dort hatten die Festlichkeiten stattgefunden; dort hatte der Toxikologe Erasmo Havamal sein Labor eingerichtet; dort demontierten die Robot-*medikos* nach Havamals Anweisungen die Leiche des Magiers.

Der Giftfachmann war untersetzt, kahlköpfig, trug goldene Lamellenhemden (oder jeden Tag das gleiche, desinfiziert) und einen Platinring im rechten Ohrläppchen. Sie einigten sich schnell darauf, per Vornamen zu verkehren; dann stürzten sie sich in die Arbeit. Vor den Panzerplast-Bullaugen drehte sich der braungraublaue Ball von Orbasang – eine Welt mit geringer Bevölkerung, giftigen Böden, giftigen Pflanzen, giftigen und oft blutgierigen Tieren. Und vielerlei Entwicklungsproblemen. Die Medien, die Touristen und alle möglichen Interessenten hatten Geld gebracht, ein paar Investoren waren in zunächst kleinere Geschäfte eingestiegen, aber was sich daraus ergeben würde, wußte noch keiner.

Am dritten Tag flog Carteret mit einem Beiboot hinab und besuchte die Hauptstadt Bizano, eine heterogene Ansammlung von Wellblechschuppen, Spiraltürmen, Lehmkiosken und Entgiftungsfabriken. Dagmar Labouheyre und der FARMAMAT-Konzern hatten eine dieser Anlagen im Süden der Stadt aufgekauft, dazu reichlich Boden für den Ausbau. Der Gedanke lag nahe; die zahllosen Giftstoffe, die allein dem Humus entzogen werden mußten, bevor er zum Anbau genießbarer Pflanzen verwendet werden konnte, ließen sich möglicherweise nutzen.

Mit Erde und allerlei Pflanzen beladene Pferdekarren machten den Hauptteil des hauptstädtischen Verkehrs aus. Carteret traf die vier Orbasanggen, die am Jahresdiner teilgenommen hatten, in einer Imbißbaracke nahe dem zentralen Platz von Bizano.

»Viel sagen können wir Ihnen nicht.« Die grauhaarige Obfrau des Planetaren Rats hob die Schultern und blies über die heiße Algenbase, eine Art Suppe. »Wir wurden abgeholt, begrüßt, haben an diesem widerlichen Mahl teilgenommen und sind dann zurückgekommen. Wir haben ja zu arbeiten.«

Die ehrenamtliche Tätigkeit im Rat nahm höchstens drei oder vier Stunden pro Woche in Anspruch. Die Obfrau arbeitete in der größten Proteinwäscherei des Hafens; Fisch, Algen, Tang, Meeresfrüchte wurden dort, nach vorheriger Entgiftung, zu eßbaren, wenn auch nicht unbedingt verlockenden Pasten, Blöcken und Kugeln verarbeitet, aus denen die Köche von Orbasang die gewöhnlichen Speisen bereiteten.

Die anderen arbeiteten ebenfalls in der Nahrungsherstellung. Offenbar hatten die Grandgourmets unter den Ratsmitgliedern gezielt und nicht ohne eine gewisse Perversion jene vier Leute ausgewählt, die sich am besten mit den Giften und der Eßbarkeit planetarer Produkte auskannten. Die zweite Frau war Wildbretspinnerin; aus den entgifteten Fasern erlegter Tiere wurden Gemüsesurrogate hergestellt. Die beiden Männer, ebenfalls nicht mehr jung, waren leitende Mitarbeiter der weitläufigen Zuchtgärten nördlich des Hafengeländes, in denen mühsam modifizierte einheimische Pflanzen mit Nahrungsträgern von anderen Planeten gekreuzt wurden. Hauptprodukt der Gärten war ein Zeug namens Ktchiq; es bestand aus Substraten von zweihundertelf Pflanzensorten, konnte gebacken, gekocht, gebraten werden und lag als Plätzchen auf dem Tisch. Carteret kostete und beherrschte sich; es schmeckte wie ältlicher Fisch, ranzige Pfefferminztunke und ausgetretene Socken.

»Sehen Sie«, sagte der ältere der Männer, »wir nehmen diese Art Entwicklungshilfe, die sich aus dem Ganzen ergibt, wirklich sehr dankbar an. Was die Eßbarkeit unserer Tiere und Pflanzen angeht, sind wir nicht der Meinung der feinen Leute von der *Lukul.* Dazu sind unsere Friedhöfe zu ... belebt. Und als wir abgeflogen sind, lebte dieser Magier noch.«

Carteret legte scharfe, farbige, scheußliche Aufnahmen auf den Tisch und beschrieb Ytongs Sterben. »Sie kennen sich doch mit allem aus, was man hier essen darf und besser nicht essen sollte. Sehen Sie irgendeine mögliche Ursache für diese Form des Sterbens? Irgend etwas in den Ihnen bekannten hiesigen Giften, was einzeln oder zusammen mit anderem diese Wirkung haben könnte?«

Nach längerem Studium der Bilder schüttelten alle den Kopf. Carteret dankte ihnen und begab sich zur größten Entgiftungsfabrik von Bizano. Die dortigen Chemiker und Toxikologen konnten ihm auch nicht weiterhelfen; nach ihrer Ansicht gab es auf Orbasang nichts, was Ytongs furchtbaren Tod verursacht haben konnte.

»Das Problem ist«, sagte Havamal am vierten Tag, als sie genauso weit waren wie zu Beginn, »daß es zu viele Kombinationen gibt.«

Carteret trank kalten Kaffee, grunzte und betrachtete den Widerschein der vom Chrom des Salons verstärkten Lampen auf Havamals Goldlamellen. Der Ohrring war ein irritierender Lichtpunkt. »Wieso? Ich dachte, Sie hätten alle Giftkombinationen im Griff, Erasmo.«

»Ijaaaa. Aber...« Havamal stülpte die Lippen vor und strich über die Platte des Mahagonitischs. »Sehen Sie, das Holz hier stammt von der Erde; Ihr kalter Kaffee auch. Kaffee ist ein gutes Beispiel. Grüne Bohnen, die geschält, geröstet, gemahlen und mit heißem Wasser begossen werden müssen. Es gibt in der Galaxis Milliarden Substanzen, die niemals zertrümmert, geröstet und begossen worden sind. Wenn wir ein Ding betrachten, wissen wir nicht, was man daraus machen könnte. Grob gesagt – vielleicht wird gaianisches Stethogras, wenn man es kocht, mit Ingwer und Zyanid versetzt und in Senf-Sahne-Sauce ziehen läßt, genau die Wirkung hervorrufen, die bei Ytong eingetreten ist. Bloß...« Er wackelte mit dem Kopf.

»...niemand hat es je versucht, und alle theoretisch möglichen Versuche mit allen Substanzen des Kosmos können wir nicht anstellen.« Carteret wischte sich über die müden Augen; sie brannten. »Mir wäre wohler, wenn wir erst so etwas wie ein Motiv hätten. Für einen Mord. Selbstmord scheidet aus, nach allem, was wir wissen. Unfall vermutlich auch – sagen Sie ja. Was haben wir?«

»Ich weiß nicht, was Sie in Ihrem komischen Moloch haben.« Havamal grinste schwach.

»Berge von Daten, die nicht zueinanderfinden. Jedenfalls kein Motiv für einen Mord an Ytong.«

Havamal nickte; Schweißtropfen glitzerten auf seiner Glatze. »Also, ich habe modifizierte Silikate, eine Kieselsäure, ein instabiles tierisches Eiweiß. Dazu torgyrisches Pseudomangan. Alles zusammen ergibt diesen explosiven Beton, der sich mit Ytongs Gedärmen vermengt hat.«

»Also gut.« Carteret seufzte. »Gehen wir zum zwanzigsten Mal die Speisekarte durch.«

Apéritif: Cocktail aus diversen Obstschnäpsen und passierten Früchten (8 einander neutralisierende Nervengifte), dazu Eisschalen mit Vyando-Austern (2 Eiweiß-Gifte; bis +4.31° C harmlos und vom menschlichen Speichel zu zerlegen, ab +4.32° C aktiv und beschwerlich, ab +5° C tödlich).

Erster Gang: Paghasi-Streifen in Kumquat-Zimt-Vodka-Tnatna-Marinade (süßes Fleisch eines Beuteltiers; wird erst bei beginnender Verwesung schmackhaft, vorher giftig, ab einem bestimmten Verwesungsgrad hochgiftig). – Gelber Ktarang, gedünstet (3 Gifte, wenn zu stark gegart). – Istomasti Gris Brut, Jahrgang 398.

Zweiter Gang: Marinierte Dongga-Bäckchen auf Lauch-Kresse-Shha-Bett (11 Gifte). – Chablis, 404.

Dritter Gang: Tshang-tshang in eigener Tunke (Riesenhummer von Orbasang; muß von außen nach innen gegart werden, da der zentrale Nervknoten 9 bisher bekannte Gifte enthält, die bei völligem Absterben freiwerden und das gesamte Fleisch durchsetzen, ohne den Geschmack zu beeinflussen. Da Teile der Nerven auch bei 95 % Garung noch reagieren, hat sich der Esser außerdem vor den furchtbaren Scheren zu hüten). – Esboli, 401.

Vierter Gang: Filets vom Hugurets, diverse Gemüse (der

Speisefisch enthält 4 Gifte, die durch einheimische Syntho-Gewürze neutralisiert werden können; nicht völlig entfernte Gräten wären absolut tödlich). – Violetter Ramsang, 403.

Fünfter Gang: Chowdrabaisse (dicke Suppe aus Fischteilen und Meerespflanzen, 7 Gifte). – Olitznik, 399.

Sechster Gang: Früchteragout mit kandierten Vogelnieren, flambiert (die Nieren enthalten 9 Gifte, die durch spezifische Kandierungsweisen neutralisiert werden können). – Moti Marsala, 381.

Siebter Gang: Brustfleisch und Flügelspitzen vom Samatiq, gebraten, Wein-Sahne-Sauce, garnierter Tang (der Vogel enthält 11 Gifte). – Carta de Oro, 397.

Achter Gang: Geräucherter Hochland-Lissan in Scheiben, diverse Gemüse, Gyr-Beeren-Kompott (einheimisches Wild, enthält 18 Gifte; die Gyr-Beeren sogar 24). – Eiswein Gulgaly, 394 (7 Gifte).

Neunter Gang: Schmorbraten vom Naskimander (Steppenrind, 15 Gifte). – Lastingo, 402.

Zehnter Gang: Heiße Macédoine mit einheimischen Früchten, Eismasse, Likör (13 Gifte).

Elfter Gang: Elashma in Blätterteig mit Mokkacreme Dubois (Elashma wird aus mehreren Nußarten von Orbasang gewonnen, 19 Gifte). – Lukul Maison, 403.

Zwölfter Gang: Käseplatte mit 12 Sorten von Orbasang (blauer Kampra, Zidram, Qali-qali, Zyanotte, Pastrimo, Jharant, Gilb-Asanth, Leukognost, Blanov, Paracamembert, roter Untu, Hagraq; insgesamt 15 Gifte). – Serotan Primeur, 407.

Diverse Branntweine, Kaffee (Blue Mountain Blend), Tee (First Flush Tippy Golden Flowery Gorostiza Superpekoe), Gebäck etc.

»Hundertsechsundsiebzig Gifte«, murmelte Havamal. »Der Eiswein von Gulgaly enthält diese seltene Kieselsäure;

das instabile Eiweiß ist sowohl im Naskimander als auch im Pastrimo-Käse zu finden. Aber weder für das zerfallene Silikat, das bei der Sache wohl der Katalysator war, noch für das Pseudomangan gibt es an Bord eine Quelle.«

»Wenn man alles fände, dazu ein Motiv, dann hätten wir den Mord und den Mörder, ja?«

Havamal hob die Arme und schnaubte. »Wir hätten jedenfalls die genaue Todesursache. Alles andere müßte man dann extra beweisen.«

Am achten Tag war Mungo Carteret zum ersten Mal in den acht Jahren seiner Laufbahn als Privatagent bereit, einen Fall als hoffnungslos und unlösbar aufzugeben. Noch einmal ließ er sich im Salon die letzten Auftritte des Magiers zeigen.

Dreiundzwanzig Personen in einem weiten Halbkreis, vor ihnen Vubomir Ytong, Der Verblüffende Würger. Er führte eine Reihe schneller Zaubertricks vor, ließ kleine grüne Schlangen über den Boden kriechen, die sich in grellrote Vögelchen verwandelten; ließ sich eine leere Terrine bringen, aus der er nacheinander zwölf Bände des *Lexikons der bewohnten Welten,* eine antike Kettensäge, ein entbeintes Masthähnchen, ein Aktfoto (3-D) von Dulcinea Deliciana und die gleiche Terrine in kleinerer Ausführung holte. Danach – immer noch vor dem Jahresmahl – demonstrierte er den Grund für seinen Künstlernamen. Der Verblüffende Würger verschluckte eine Reihe kleiner Gegenstände und bat dann sein Publikum, sich auf eine Reihenfolge zu einigen. In dieser Reihenfolge würgte er die Gegenstände wieder aus.

Ebenso interessant, dazu ein wenig obszön war seine letzte Darbietung, nach dem Mahl. »Inzwischen kennen wir einander ja gut genug«, sagte er, »um gewisse Hüllen auch im Salon fallenzulassen.« Gelächter. Ytong entkleidete sich, hielt ein schweres Badetuch in Brusthöhe, ließ es fallen, aber die mächtige Erektion fing es auf. Man brachte ihm mehrere große Porzellangefäße; er streckte die Hände darüber aus, murmelte etwas und berührte die Töpfe, Schüsseln und Terrinen leicht mit der Spitze des linken Zeigefingers – sie zerbrachen. Er streute die Scherben auf den Boden, ging barfuß darüber, legte sich hin, wälzte sich und zeigte danach seinen unverletzten Rücken. Schließlich hängte er sich wieder das Badetuch vor die Leibesmitte und bat um eine kurze Pause. »Es gibt da noch einen besonderen Trick, den ich niemals öffentlich vorführe, nur im Kreis guter, eh, intimer Freunde. Dazu ist jedoch nötig, daß eine gewisse ... Schwellung behoben wird. Ich schlage, der Diskretion wegen, folgendes Verfahren vor. Wir alle begeben uns in unsere Kabinen; die Korridorbeleuchtung wird abgeschaltet; ich besuche eine Kabine, um die Schwellung zu bekämpfen; in einer halben Stunde treffen wir uns wieder hier.« Gelächter und Applaus.

Wieder die Versammlung. Der Verblüffende Würger ohne »Schwellung«; vor ihm, auf dem Tisch, eine Schale mit Wasser, »körperwarm«, wie Ytong sagte. Er bat um Stille und Konzentration, legte seinen Penis in die Schale mit dem Wasser. Die Bauchmuskeln arbeiteten; Ytongs Gesicht verzerrte sich – dann sank der Wasserpegel, der Magier »trank« die Schale leer, hielt sie triumphierend hoch. Applaus. Ytong hob die Hand, räusperte sich und begann mit der Entleerung. Als die Schale wieder gefüllt war, breitete er die Arme aus, verneigte sich, riß plötzlich die Augen auf, die Hände zuckten zum Bauch. Dann ein entsetzlicher Schrei der Qual; der Bauch des Magiers wölbte sich. Vubomir Ytong brach kreischend zusammen. Der Bauch platzte, und Carteret schloß die Augen.

»Aber auch dieses Wasser haben wir untersucht«, sagte Erasmo Havamal. Er fuhr sich über den feuchten Schädel. »Normales Wasser – ein paar harmlose mineralische Beimengungen, eine Spur Eisen, Spermareste, natürlich ein wenig Urin. Sonst nichts.«

Das Wasser in der Schale blieb jedoch für Carteret der einzige Punkt, an dem er auch nur den Hauch einer Chance eines Ansatzes witterte. Die Befragung des Personals, die Untersuchung aller Aufzeichnungen, jedes Nachbohren, Ferngespräche mit den nicht mehr an Bord befindlichen Mannschaftsmitgliedern, sogar mit einigen der hochmögenden Gäste und Gastgeber ergaben nur eines: Als die Gruppe wieder in den Salon kam, stand die Schale mit dem warmen Wasser bereits da. Niemand wußte, wer sie dorthin gestellt hatte.

In der Kabine nahm Carteret sich noch einmal die Listen vor: Gäste, Gourmets, Personal. Nach langem Überlegen schied Carteret die Mannschaftsmitglieder aus. Was immer mit Ytong geschehen sein mochte – wenn es Mord war, hätte jeder Bedienstete an Bord der *Lukul* einfachere Möglichkeiten gehabt, den Magier zu töten: in der Kabine, auf dem Gang, im Antigravpool, oder beim Essen durch Beimengung konventioneller Gifte. Die Verfertigung einer Substanz, die sich erklären ließ, deren Zustandekommen aber rätselhaft war, überstieg zweifellos die Kenntnisse aller Leute der Crew.

Carteret badete in chemischen Formeln, schwelgte in exotischen Todesarten, schüttelte sich beim Gedanken an die eine oder andere Speise. Aber er fand nichts. Nach einer Sitzung mit dem *kompakt* sortierte er seine Fragen und Notizen. Er hatte den Apparat noch einmal mit allen verfügbaren Daten spielen lassen, aber auch dabei kam nichts heraus.

Leise pfeifend wählte Carteret mit der Bordanlage zuerst das improvisierte Laboratorium, dann die Kabine des Toxikologen.

»Ah, Mungo.« Havamal sah übermüdet aus, schien aber noch nicht geschlafen zu haben.

»Hören Sie, Erasmo; ich möchte noch mal runter nach Orbasang, noch ein paar Fragen stellen. Kommen Sie mit?«

Der Toxikologe zupfte am Platinring in seinem Ohrläppchen. »Tja, hm, eh. Ach, warum nicht? Wann?«

»Sofort. In Bizano ist jetzt Nachmittag.«

»Gut. In zehn Minuten.«

Kapitän Ffoulkes war bereit, einen Piloten und eines der Beiboote zur Verfügung zu stellen. Als auch dieses Gespräch beendet war und Carteret seine Lederjacke anzog, räusperte sich der *kompakt.*

»Was ist, Moloch?«

»Ehrwürdiger Herr. Wenn ich mir einen Vorschlag zu unterbreiten würde gestatten dürfen ...«

Carteret runzelte die Stirn. »Blödes Gerät. Was denn?«

»Vielleicht solltest du zur Klärung dieses obszönen Falls ein obszönes Gespräch mit deiner inzestuösen Kusine führen.«

Carteret lachte. »Wie kommst du darauf?«

»Sie hat immer gute Sprüche – wie du weißt. Und die haben dich schon häufig auf dumme Wege gelenkt, die zum Ziel führten.«

Carteret kaute auf der Unterlippe und betrachtete den Totenkopf, in dessen Augenhöhle die Linse glomm. »Was bringt dich jetzt darauf?«

»Berge nicht korrelierbarer Daten, Junge«, sagte der *kompakt;* es klang ein wenig herablassend. »Keine der bisher formulierten Fragen erfaßt mehr als ein Zehntel der verfügbaren Datenmenge. Vielleicht fällt dir was Neues ein, wenn du mit Pamela geredet hast.«

Beiboot und Pilot blieben auf dem Landefeld von Bizano, wo neben einigen Frachtern und Privatraumern auch vier Boote von Journalistencrews lagen.

Ein Gleitertaxi brachte Carteret und Havamal ins Zentrum. Sie schlenderten durch die Altstadt und atmeten erstmals seit vielen Tagen planetare Frischluft statt hundertmal aufbereiteten Surrogats.

»Was haben Sie eigentlich vor?«

Carteret musterte das müde Gesicht des Toxikologen. »Beine vertreten«, sagte er gedehnt.

Havamal zwinkerte. »Und sonst? Gibt es für Ihren Geschmack zu viele Abhörmöglichkeiten auf der *Lukul?*«

Carteret rümpfte die Nase. »Das auch; ja. Warum wollen Ihrer Meinung nach die Grandgourmets die Sache überhaupt klären? Wenn SIC und Gerichte sich nicht dafür interessieren.«

Havamal blieb vor einem verkrüppelten Baum stehen, der einmal eine Kiefer gewesen sein mochte. »Weil sie, oder jedenfalls einige von ihnen, sicher sind, daß es nur Mord gewesen sein kann. Und weil sie befürchten müssen, daß der Täter einer von ihnen war.«

»Nicht von den Gästen?«

Der Toxikologe zuckte mit den Schultern. »Egal. Solange sie nämlich nicht ausschließen können, daß es einer von ihnen war, können sie auch nicht sicher sein, ob es nicht beim nächsten Fressen sie selbst erwischt. Und das, schätze ich, mögen die nicht.«

Carteret nickte. Abrupt sagte er: »Außerdem will ich jemanden in Atenoa anrufen – ohne von Ffoulkes oder sonst wem abgehört zu werden. Entschuldigen Sie mich ein paar Minuten.«

Er fragte sich zum Gebäude der Zentralkommunikation durch. Im fernen NeuAthen auf Gaia war es kurz nach Mitternacht. Es dauerte eine Weile, bis Pamela sich meldete.

»Ah! Stiefzwilling! Wo steckst du?« Sie blinzelte verschlafen in die Optik und versuchte zu lächeln.

»Auf Orbasang.«

»Wo in der Galaxis ... Huh!« Sie riß die Augen auf. »Das Jahresdiner? O Mungo Mungito, ich bin ja richtig stolz auf dich. Also *dich* haben sie eingekauft?«

»Ja.«

»Und jetzt steckst du fest, was? Sonst würdest du mich doch nicht anrufen.«

Carteret grinste. »Der Moloch sagt, ich soll meine inzestuöse Kusine obszön anrufen. Orakelmäßig.«

Pamela fuhr sich mit der Zunge über die Unterlippe. »Du solltest mich lieber unter den genannten Aspekten mal wieder heimsuchen. Was brauchst du?«

»Ein Doppelorakel.«

Sie ächzte. »Doppel? Oh oh oh. So schlimm? Man hört ja wilde Gerüchte ...«

»Die Tatsachen sind noch viel wilder. Ich erzähl's dir irgendwann mal.«

»Spezielle Suchwörter?«

»Genuß. Essen, Trinken, du weißt schon.«

»Vor allem du weißt schon. Klar. Moment.« Sie verließ den Erfassungsbereich ihres Visifons.

Pamela du Plessis, Dozentin am *Peripatio*, erforschte seit Jahren die Frühgeschichte der Noastoa*, mit besonderer Zuneigung zu abstrusen Aphoristikern. Ihr Textspeicher, möglicherweise die größte Noastoa-Sprüchesammlung überhaupt, verfügte über ein Zufallsprogramm, mit dessen

* »neue Stoa«, Staatsphilosophie des Commonwealth. Ursprünglich wohl aus einer Art »Heimweh nach gegliederter Unordnung« von oft bizarren Denkern unabhängig voneinander gegen Ende der Wirren Jahrhunderte (nach dem Kollaps der Erde und des Verbunds ihrer Kolonien) auf verschiedenen Welten entwickelt; zunächst als »konfuzianisches Freistildenken«, »gräkoromanische Chinoiserie« oder »Windbeutel-Stoa« bezeichnet. Später auf Gaia formalisiert und verbindlich gemacht durch Dorji Dyogen Bahadur (67–181 CT) und Ashme Zuvarov Chou (112-201 CT), die ersten Ordinatoren des *Peripatio* im Rahmen der Großen Akademie von Atenoa. Mit Examen beendetes Studium der Noastoa ist obligatorisch für Staatsdiener, Diplomaten etc.

Hilfe sie »Sprüche zum Tag« heraussuchen konnte. Wie man in der Antike blindlings die Bibel aufgeschlagen hatte, um Rat zu suchen. Tatsächlich war Carteret schon mehrmals durch dieses Zufallsorakel zufällig auf die hilfreiche Idee zur Lösung eines Falls gekommen.

Er betrachtete den Gebührenzähler. Als zweihundert Drachmen erreicht waren, meldete Pamela sich wieder.

»Hör zu, Mungo; und wappne dich. Das ist ein albernes Gerät, und die Sprüche sind sämtlich von obskuren Autoren. Brauchst du die Namen?«

»Nein, mein kluger Schatz. Schieß los.«

Pamela lächelte und hielt das Ausgedruckte hoch. »Also, Nummer Eins. ›Keiner weiß, ob er am Morgen noch Kleider brauchen wird; kein Grund, abends vermummt das Beilager zu besteigen‹.«

»Aha. Oho.«

»Nicht wahr? Oh wie wahr. Zwei: ›Jauche wird kein Münzgold, auch wenn du sämtliche Perlen vor sämtliche Säue wirfst‹.«

»Was hat denn bitte sehr dieses mit Genuß zu tun?«

»Frag *mich* doch nicht. Drei: ›Noastoa trinkt klares Wasser aus fischlosem Bach. Staaten stauen diesen; Philosophien trüben sein Wasser und behaupten, darin einen Fisch zu sehen; von dem Religionen sich ernähren.‹ So, das wäre das erste Dreier-Orakel. Na?«

Carteret schüttelte den Kopf und seufzte leise. »Ich weiß nicht. Bis jetzt klingelt nichts.«

Sie streckte ihm die Zunge heraus, ein erstrebenswertes feuchtrosa Etwas. »Ob die zweite Runde dir besser mundet ... Also, erstens: ›Die Anzahl möglicher Wahrheiten ist zu gering für unendliche Lust, aber größer als die Anzahl der Menschen, die zu groß ist für endliche Belustigung‹. Au.«

»Du sagst es.«

»Zwei: ›Die Wahrheit ist meistens unverdaulich; Philosophen sind Risikogourmets‹.«

Mungo lachte schallend. »Werd ich an Bord der *Lukul* in Umlauf bringen. Wunderschön. Von wem ist das?«

»Eh, Moment ... Muammar Sylberstryff.«

»Nie gehört.«

»Nix verpaßt. Und drittens und allerletztens: ›Wer die Wirklichkeit filetiert, entbeint das Ungenießbare‹.«

»Da macht noch immer nichts klick, Liebste. Na ja, dich auf dem Schirm haben war den Versuch wert.«

»Wann willst du mich mal wieder auf dem Laken haben, o du kriminelles Geschöpf?«

Carteret lächelte. »Mal sehen ... Wenn ich doch noch rauskriegen sollte, wie dieser Verblüffende Würger ums Leben gekommen ist – gebracht wurde ... Jedenfalls, warum nicht auf dem Rückweg ein Abstecher nach Atenoa?«

Sie strahlte. »Abstecher klingt immer besser. Ob du es rauskriegst oder nicht, zurück mußt du doch auf jeden Fall. Übrigens, sieh dich mit dem Ermitteln vor.«

Carteret runzelte die Stirn. »Warum?«

»Du könntest zu einer Sorte Held werden, mit der ich nicht so viel zu tun haben will.«

»Wieso?«

Sie kicherte. »Ach, der unwichtige Klatsch der Hauptstadt, Mungo. Du weißt ja – Metropolen sind Hochburgen des Provinzialismus. Ytong war einer der prominentesten, na ja, Köpfe der hiesigen Warmen Bruderschaft. Wer seinen Mörder findet, kann sich bestimmt vor schmeichelnden Zungen nicht retten. Irgendwie fände ich das nicht so gut. Ich bin da ein bißchen einseitig, fürchte ich.«

»Ich auch, Schätzchen. Keine Sorge.«

Es war Nacht, als sie Bizano verließen. Für die *Lukul* und ihre Wach- oder Schlafperioden spielte das keine Rolle. Carteret und Havamal hatten in einem teuren Import-Restaurant gegessen, und irgendwann hatte es bei Mungo doch klick gemacht.

»An die Arbeit«, sagte Havamal, als sie in der Schleuse der *Lukul* standen. Er gähnte, aber die Augen blitzten. »Ich glaube, Mungo, Sie haben da was. Wie sind Sie bloß darauf gekommen?«

Carteret kratzte sich den Kopf. »Erzähl ich Ihnen, wenn was dabei rausgekommen ist. Vorher würden Sie es mir sowieso nicht glauben. Wir treffen uns nachher im Labor. Ich muß mich noch kurz mit dem Moloch beraten. Ich fürchte, unsere Dossiers enthalten zu viele Fakten und zu wenig Klatsch. Da übersieht man leicht das Nächstliegende.«

Der *kompakt* bestätigte Carterets Annahme. Im amoralischen, tabufreien Gesetzeswesen des Commonwealth, das ja für tausend verschiedene Welten und Sitten gelten mußte, und in den Datenspeichern der mit der Wahrung dieser Gesetze befaßten Organisationen wurden sexuelle Vorlieben erst dann zur Kenntnis genommen, wenn sie in strafbare Bereiche wie Körperverletzung übergingen. Was in Atenoa allgemein bekannt war, mußte nicht unbedingt Eingang in SIC-Dossiers finden.

»Es gibt immer nur drei oder vier Geschichten«, sagte Carteret später im Labor. »Krieg, Liebe, Tod, Macht, so etwa. Und nur drei oder vier Grundmotive für Verbrechen. Wir neigen dazu, die Millionen Varianten, die sich aus den Umständen auf zahllosen Planeten ergeben, für eigenständige Phänomene zu halten. Dabei sind es nur geringfügige Modifikationen.«

Havamal schnaubte. »Keine Debatte über Archetypen, bitte. Mir reichen die Grundelemente.«

Carteret lächelte. »Erde, Wasser, Feuer, Luft?«

»Wasser, verdammt. Warum sind wir nicht eher darauf gekommen?« Der Toxikologe wühlte in seinen Notizen, den Ausdrucken des Analysators, den Blättern mit Formeln und Fragezeichen, den Transkriptionen der von ihm auf Band gemurmelten Mutmaßungen. »Ich war schon mal nahe dran ...«

»›Noastoa trinkt klares Wasser aus fischlosem Bach‹«, murmelte Carteret. »Und Ytong war homosexuell.«

Mit dieser Information, die für SIC und Gesetz unerheblich war, hatte der *kompakt* neue Such- und Sachketten erstellt. Es gab genügend Randwelten, auf denen die säkulare Noastoa allenfalls von höchsten Verwaltungsbeamten gelegentlich zur Kenntnis genommen wurde; Welten, die einen Teil der Freiräume der Commonwealth-Verfassung für ihre eigenen Bewohner einengten – Gäste hatten örtliche Gepflogenheiten zu respektieren, konnten aber nicht ohne weiteres nach örtlichen Bestimmungen verurteilt werden; es gab zahlreiche Planeten, auf denen sich obskure Sekten aufgespalten und vervielfältigt hatten, so daß von Dorf zu Dorf, Bezirk zu Bezirk, Land zu Land, Kontinent zu Kontinent tausend verschiedene Tabus zu beachten waren – Planeten, die alten Religionen oder neuen Sekten oder wirren Dogmen folgten, von den neokatholisch-ismailitischen Sufinikanern auf Alamut über die Mormognostiker auf Brighamar bis zu den Adventisten des Astralen Anagramms auf Yesildasza. An sich hatte es keine Bedeutung, daß homosexuelle Praktiken auf Shari mit Gefängnis, auf Korydon mit Enteignung und Verbannung, auf Efradan mit Kastration geahndet wurden. An sich war es unwichtig, daß der Trüffelzüchter Nazagdordzh von Efradan, die Grandgourmets Hogwash von Shari und Sarodji von Korydon immer wieder längere Urlaube auf Gaia verbracht hatten, wo Ytong wohnte; daß

Sarodji zehn Tage in den Anlagen des Orbitalkasinos gewesen war, zufällig zu der Zeit, als Vubomir Ytong dort auftrat. Diese und andere Fakten, die sich unter den SIC-Daten fanden, kamen erst nun zusammen, konnten in Beziehung zueinander gebracht und nach und nach eliminiert werden, bis nur noch eine Datenreihe als zwingend und überzeugend blieb. Vorher waren hohe Zahlungen, die Onton Sarodji, Grandgourmet, Premier von Korydon, Besitzer der größten Uranminen des Planeten, regelmäßig an eine Bank auf Azwaz leistete, nicht interessant. Aber die Bank unterhielt in den Räumen der Commonwealth-Bank-Filiale auf dem Kasinosatelliten eine Gastfiliale. Und Ytong besaß ein Apartment auf dem Satelliten und ein Konto bei der Commonwealth-Bank; Transfers in Höhe der von Sarodji geleisteten Zahlungen ließen sich bis zu Ytong verfolgen. An sich unwichtig – wie die Tatsache, daß Sarodji nach den Protokollen der Grandgourmets seit fünf Jahren immer wieder Ytong als Gast vorgeschlagen hatte.

»Das Wasser, das Ytong ausgeschieden hat.« Havamal verzog den Mund. »Nach allem haben wir gesucht, aber nicht nach Wasser. Auf den Gedanken, daß die gesuchte Substanz *vorher* im Wasser gewesen sein könnte und vom Körper sofort vollständig aufgenommen wurde ...«

Carteret klopfte ihm auf die Schulter; das Lamellenhemd knirschte. »Mein Fehler, Erasmo. Tafelwasser stand nicht auf der Liste. Wohl auf den Tischen; wir haben es bei den Aufzeichnungen immer wieder gesehen. Übersehen, weil zu offensichtlich.«

Das Tafelwasser, eine nicht eben häufig zu findende Sorte aus der Dalgo-Region des Planeten Zulimon, enthielt eine als Dalgonisches Subsilikat B IV bezeichnete Substanz. Sarodji hatte das Wasser besorgt.

»Harmlos als Getränk.« Havamal wies auf die grüne Flasche. »Wird in der Speiseröhre resorbiert und aufgespalten. Aber in Harnleiter und Blase sind drei Sorten Bakterien, die mit dem Silikat, wenn sie damit in Berührung kommen, etwas anderes machen. Sie zerlegen es zu einer Art mineralischer Hefe, die es sonst nirgends gibt. Fermentsilikat. Blödsinn. Aber da ist es.«

»Und die anderen Substanzen, aus denen Ytongs Darmbeton entstanden ist?«

»Die Kieselsäure im Eiswein von Gulgaly, das Eiweiß im Naskimander und im Pastrimo-Käse.«

»Und *den* hat auch Sarodji vorgeschlagen. Übrigens hat er mal Chemie studiert.«

»Hah. Bleibt das Motiv. Und das torgyrische Pseudomangan. Außerdem – *wie* hat er das alles zusammengebracht?«

Carteret atmete tief, setzte ein verqueres Lächeln auf und reichte dem Toxikologen ein Blatt mit Ziffern, Daten, Namen und Zahlen. Erasmo Havamal las, las noch einmal, ließ das Blatt sinken, betrachtete Mungos Gesicht und brach in grölendes Gelächter aus.

»Gut?«

Havamal verschluckte sich und hustete. »Glänzend«, keuchte er. »Ist das sicher?«

Carteret nickte. »Und eindeutig. Am vierten April setzen die Gourmets Vubomir Ytong, nach langem Drängeln von Sarodji, auf die Liste. Am siebten sagt Ytong zu. Am fünfzehnten reist Onton Sarodji nach Torgyr, wo er sich zwei Operationen unterzieht. Künstlicher Darmausgang; hierbei wird torgyrisches Pseudomangan zur Stabilisierung des Gewebes verwendet. Und Implantierung von zwölf Zähnen aus einer Legierung, die Pseudomangan enthält. Sarodji hat beide ... Varianten bedacht.«

»Kompliziertes Verfahren.« Havamal gluckste wieder. »Aber todsicher. Pseudomangan ist ein bißchen instabil. In Flüssigkeiten wie Speichel oder Darmsekreten lösen sich dauernd winzige Mengen. Die Zähne werden achtzig Jahre halten, aber dann nur noch halb so groß sein. Uuuaaah.«

Ffoulkes stellte die Verbindung her. Zum ersten Mal in seinem Leben sprach Mungo Carteret mit zwei Billionen Drachmen. Er kannte Malaqeshs Gesicht von den Aufnahmen her, gelöst, bisweilen albern. Jetzt, auf dem Schirm, war das Gesicht hart, kalt, fordernd: schiere Macht.

»Haben Sie was?«

»Alles, Dom Malaqesh.«

Der Billionär runzelte die Stirn. Carteret sah, daß die Augen eisgrau waren. »Ich höre. Die Leitung ist sicher.«

»Dom Sarodji«, sagte Mungo halblaut.

Malaqesh verzog keine Miene. »Klartext bitte!«

»Wie Sie wollen. Sarodji hat seit Jahren große Summen an eine Bank überwiesen, bei der Ytong ein Konto hatte. Sarodji war im Orbitalkasino, als Ytong dort auftrat, und zwar sehr lange; man hat sie häufig zusammen gesehen. Ytong war homosexuell; auf Korydon verehrt man die Götter der Fruchtbaren Paarung und bedroht Homosexualität mit Enteignung und Verbannung. Sarodji ist Premier und reichster Mann von Korydon. Ytong dürfte ihn erpreßt haben – entweder du bringst mich auf die *Lukul,* oder ich sage alles deinen Leuten. Entmachtung, Enteignung, Verbannung, Ende.«

Malaqesh kniff die Brauen zusammen. »Sarodji hat seit Jahren immer wieder Ytong vorgeschlagen.« Seine Stimme klang wie eine Bleistiftmine, die man zwischen Glasplatten zerquetscht. »Läßt sich das wirklich alles beweisen?«

Carteret hob die Schultern. »Indizien, Dom; vermutlich

werden sie ein gaianisches Gericht überzeugen. Die Priester der Fruchtbaren Paarung werden sie bestimmt überzeugen.«

»Weiter. Wie?«

»Die Substanz, an der Ytong starb, besteht aus mehreren Dingen. Diese finden sich im Eiswein, im Naskimander, im Pastrimo-Käse, den Sarodji vorgeschlagen hat, und vor allem im Tafelwasser, das Sarodji besorgt hat.«

Malaqesh nickte. »Und?«

»Außerdem in Sarodjis Mund. Und in seinem After.« Carteret nannte die Einzelheiten.

Malaqesh grinste und schwieg einige Sekunden. »Paßt alles«, sagte er dann. »Onton hat den Würger gelöchert, wegen dieser Wassernummer. Dann hat er also die Schwellung behoben, das Wasser angewärmt und hingestellt? Charmant. Aber ungeheuer kompliziert.«

Carteret hob eine Braue. »Gehört wohl zu Ihren Spielregeln.«

»Wie meinen Sie das?«

»Essen, um nicht zu verhungern. Dann essen, wobei es auch schmecken soll. Dann muß es exklusiv und selten sein. Und bei Ihnen kommt noch der Nervenkitzel der Gefahr hinzu.« Carteret zögerte. »Ich, eh, ich glaube nicht, daß ein richtiger Hypergourmet wie Sarodji imstande ist, etwas, was im weitesten Sinne mit Genuß zu tun hat, *einfach* zu betreiben. Ob Jahresdiner oder Sex; oder die genüßliche Beseitigung eines Gespielen. Vor allem, wenn er sicher sein kann, daß der SIC nicht ermittelt. Waren eigentlich alle dafür, daß jemand die Sache untersucht?«

Malaqesh blinzelte. »Sieben zu fünf; Sarodji war dagegen. – Wie recht Sie haben, Carteret. Aber nennen Sie mir einen für Sarodji einfachen Weg.«

Carteret winkte ab. »Den gab es kaum. Die Erpressung hätte jetzt mit der Einladung kaum geendet. Vorher war

Ytong immer mit anderen zusammen – Kollegen vom Varieté, Manager, im Orbitalkasino, woanders. Schwierig, an ihn heranzukommen. Wahrscheinlich wollte Sarodji auch nicht das zusätzliche Erpressungsrisiko auf sich nehmen, irgendwen dafür anzuheuern. Er mußte es selbst erledigen. Ohne SIC. Mit Lust.«

Malaqesh räusperte sich. »Gut, gut. Nennen Sie mir einen für Sarodji einfachen Weg.«

Carteret schwieg einen Moment. »Wieviel Zeit wollen Sie?«

»Zwei Tage.«

»Dann der SIC?«

»Und die Öffentlichkeit. Auch die auf Korydon.«

Carteret nickte.

Er zog es vor, nicht mit der *Lukul* nach Gaia zu reisen. Er hatte Geld von Malaqesh bekommen und dafür einen Freund des Mannes zum Untergang verurteilt. Er beendete seinen Bericht für den SIC an Bord des Zubringers nach Aspasia. Dort nahm er eine Kabine auf dem Liner nach Gaia.

Während des Flugs zeichneten die Geräte des Schiffes die neuesten Nachrichten auf. Onton Sarodji, Premier des Planeten Korydon, wo Homosexualität ein Kapitalverbrechen war, hatte wenige Stunden nach Carterets Gespräch mit Malaqesh Selbstmord begangen. Es war kein einfacher Weg; nur der einzige.

Kurz vor der Landung auf Gaia, als Mungo den *kompakt* in den Koffer steckte, hüstelte das Gerät.

»Durchlaucht wollen obszöne Kusine besuchen?«

»Ja, dummer Apparat. Wieso?«

»Ein Tip, Mungo, im Hinblick auf eure Praktiken.«

»Von denen du nichts weißt. Was für ein Tip?«

»Sieh dir ihr Tafelwasser an. Und ihre Zähne.«

Chromosomatisches Fragment

»... gut eingelebt und kaum von den ›Echten‹ zu unterscheiden, falls es die da noch gibt. Besonders zufrieden sind Wirtschaft und Gewerkschaften; erstere schätzen den fernlenkbaren Kandidaten mit flexiblem Rückgrat, eingebautem Listenplatz und serienmäßiger Sprechblase, letztere den willfährigen Protoproletarier, der auf Weiterbildung und Aufstieg verzichtet und ihnen somit als Bevormundungsmasse erhalten bleibt...

Im Verlauf der langjährigen Versuche und Mischungen echten und beeinflußten Erbguts kam es auch zu Unfällen. So wurde in einem Bonner Labor versehentlich spezifisches Politikermaterial mit behandelten Genen von Tieren und Pflanzen kombiniert... Nach der von Greenpeace betriebenen Sprengung des Labors entkamen etliche Kombi-Wesen in die Eifel, wo sie sich vermehrten und nun einige miteinander verbundene Täler bewohnen.

Leider ist es unserer Expedition nicht gelungen, in jedem Fall zweifelsfrei zu bestimmen, welcher politische Typus mit welchem Tier vermengt wurde – Generalsekretär, Pressesprecher, Fraktionsvorsitzender, Ausschußmitglied usw. Genaueres wird die nächste Forschergruppe zu ermitteln versuchen. Konzentrieren wir uns vorerst auf die bisher ermittelten Tatsachen.

Vor allem im grasigen Norden findet sich der Knallhamster, *Cricetus fragorax dumdum*, ein putziges, wiewohl lautes Tier. Zwar lebt es normalerweise von Gräsern und sonstigem Grünzeug, doch verfügt es über ein eigenartiges Zusatzorgan. Mit dessen Hilfe kann der Knallhamster verschluckte Luft in Treibgas umwandeln. Fühlt der Knallhamster sich bedroht, so schluckt er und stößt die Luft alsbald rückwärtig wieder aus. Der resultierende Knall vertreibt kleinere Feinde; der mit dem Knall austretende Gestank sorgt dafür, daß größere Feinde sich zunächst indigniert abwenden, und bis sie den ersten Schrecken überwunden haben, ist der Knallhamster mit Hilfe der enormen Schubwirkung des Gases entkommen. Ich selbst habe schon Knallhamster in hysterischer Angst vor großen Feinden gesehen, etwa vor einer Pfingstanakonda, einem Humpelkuckuck oder einem der besonders bösartigen Hasenschartenkraken. Wenn die Knallhamster so sehr erschreckt waren, flohen sie unter beständigem Knallen mehr als eine Meile Wegs, ohne einmal den Boden zu berühren. Der Kollege Prof. Dr. Griesmeck leitete hieraus seine These über die Existenz einer Knattermaus ab. Dem habe ich energisch zu widersprechen; ein solches Tier existiert nicht. Dr. Griesmeck hat zweifellos einen Knallhamster aufgeschreckt.

In der gleichen Gegend findet sich eine äußerst liebenswerte kleine Schlange. Sie ist harmlos und ernährt sich von Kleinkraut und Insekten, fällt allenfalls gelegentlich einmal Passanten an, doch lebt sie in Frieden mit ihrer übrigen Umgebung. Das kleine glatte Tier, das kaum länger wird als dreißig Zentimeter, haben wir Hüpfschleiche genannt, *Anguis fragilis salto salto.* Sie verbindet die unauffällige Geruhsamkeit des Schleichens mit dem vorteilhaften Hüpfen, das ihr jederzeit Überblick über die Lage der Dinge verschafft.

Auf den weiter östlich gelegenen Berghängen gedeiht ein kleiner Verwandter der Hüpfschleiche, der sogenannte Jodelwurm, *Vermis ululator freneticus.* Vor allem in Neumondnächten treibt sich diese Gattung in Steilwänden herum und frönt hemmungslosem Gejodel. Besonders schlimm sind die Jodelwürmer zwischen der vierzehnten und sechzehnten Lebenswoche, wenn bei ihnen der Stimmbruch einsetzt. Trotz ihrer aufdringlichen Lautgebung sind die Tiere jedoch von scheuem und zurückhaltendem Wesen. Nur selten gelingt es, einen aus der Ferne zu Gesicht zu bekommen. Dies mag allerdings auch an den Sichtverhältnissen der örtlichen Neumondnächte liegen.

Zwei Legenden über Jodelwürmer will ich gleich zerstreuen. Man sagt, sie trügen eine lederhosenähnliche Färbung am Unterleib, aber davon ist mir nichts bekannt. Die zweite Legende besagt, Jodelwürmer seien ausgezeichnete Sprachkritiker. Man habe, heißt es, vor kurzem einen Jodelwurm gefangen und ihm neue deutsche Innerlichkeits-Literatur vorgelesen; er habe pausenlos gejodelt. Auch dem *nouveau roman* sei er mit ähnlichen Lauten begegnet. Erst bei Homer soll er verstummt sein und interessiert gelauscht haben. Ich bin der Geschichte nachgegangen; es ist nichts daran. Tatsächlich hat man dem armen Tier eine Zusammenfassung der wichtigsten Kanzlerreden der letzten fünf Jahre vorgelesen, und daß es nach drei Stunden aufhörte zu jodeln, mag eher an wachsender Erschöpfung liegen denn an abnehmendem Ekel.

Kommen wir zum Leihwiesel, *Mustela creditabilis giro.* Dieses nette Tierchen lebt erst in zweiter Linie von kleineren Tieren wie Mäusen sowie von Beeren und Nüssen. In erster Linie lebt es von seinem guten Umsatz. Das Leihwiesel ist spezialisiert darauf, Kreditgeschäfte zu tätigen. So fängt es zum Beispiel eine Maus und läßt diese erst dann laufen, wenn die Maus zwei Ersatzmäuse stellt. Auch bei Mäusen scheint es keinen Mangel an lästigen Verwandten zu geben, und so kommt das Wiesel immer auf seine Kosten. Wenn es gerade kein Mäuseleben zu verzinsen gibt, vergräbt das Wiesel Nüsse an einer bestimmten Stelle. Es handelt sich hierbei um eine Art Termingeschäft. Das Wiesel läßt die Nüsse eine gewisse Mindestzeit im Boden, wo sie verzinst werden. Von den Erträgen dieser Geschäfte mit Terminnüssen läßt sich gut leben.

Gut zu leben vermag auch ein weiteres Tierchen, das in den Bächen und Flüssen der Gegend gedeiht. Es ist dies die praktische Taschenflunder, *Pleuronectes flesus portemonnesus.* Dieser kleine Plattfisch ist in verschiedene Fächer unterteilt, die am Rand mit einem Reißverschluß versehen sind. Ich habe mich selbst davon überzeugt, daß die Taschenflunder innen größer ist als außen. Leider ist das Tier jedoch sehr habgierig, und alle Versuche, es als Flußbriefträger abzurichten, sind bisher gescheitert. Die Taschenflunder, wiewohl freundlich anzuschauen, neigt nämlich dazu, vor allem Geldüberweisungen in die eigene Tasche zu stecken. Ein weiteres Problem ist, daß man ihre Ladekapazität nicht nutzen kann, denn wenn die Taschenflunder voll beladen ist, kann sie kaum noch schwimmen, sinkt auf den Boden des Wasserlaufs und hortet an geheimen Stellen die angeblich als Ballast abgeworfene Korrespondenz.

Ebenfalls im Zentrum des Gebiets findet sich eine Besonderheit der Flora, ein Verwandter unserer altbekannten Trauerweiden. Wenn die dortigen Trauerweiden zu Ende getrauert haben, begeben sie sich, um auf andere Gedanken zu kommen, auf Wanderschaft und werden zu Wanderweiden, *Salix emigrans.* Häufig trifft man diese Bäume, wenn sie hurtigen Schritts durch die Ebene stapfen, hier an einem Bächlein nippen, dort ein Stelldichein mit einer pollenbeladenen Biene nicht verschmähen. Zwar verfügt die Wanderweide nur selten über vorschriftsmäßige Papiere, doch sollen einzelne Exemplare dank der seltener werdenden Kontrollen an den innereuropäischen Grenzen bereits bis in die Ardennen vorgedrungen sein.

Die Wanderweide ist auch den üblichen Scherzen der Hunde nicht abgeneigt und läßt zu, daß diese an ihr ein Beinchen heben. So kommt es, daß mancher Pudel oder Dackel seine Duftmarke in Gegenden hinterläßt, die er selber nie gesehen hat.

Nur gegen die scharfen Essenzen, die der Meuchelmops versprüht, ist die Wanderweide allergisch. Der Meuchelmops nämlich, *Canis mopsis assassinus,* treibt im zentralen Hochland des Reservats sein Unwesen. Bei diesem Tier handelt es sich um einen indirekt fleischfressenden Vegetarier. Der Meuchelmops ernährt sich vor allem von den einheimischen Buschwindröschen, die extrem geruchsempfindlich sind. So sondern sie nicht allein verlockende Düfte ab, nein, sie registrieren auch die Annäherung des Meuchelmopses vermöge seiner ätzenden Absonderungen. Kleine Tiere und Insekten, die sich dem Buschwindröschen nähern, werden von diesem alsbald verzehrt – denn das neue Buschwindröschen, wer hätte das gedacht, ist eine fleischfressende Pflanze. Wittert eines dieser Buschwindröschen jedoch einen Meuchelmops, so zieht es sein hübsches Haupt in einen Dornenball zurück und trotzt der Belagerung und dem ohnmächtigen Gekläffe. Meuchelmöpse pflegen sich daher gegen den Wind ihrer Lieblingsspeise zu nähern und sie rücklings zu meucheln. Ob ein Vegetarier, der wie der Meuchelmops von fleischfressenden Pflanzen lebt, allerdings als reiner Vegetarier bezeichnet werden kann, ist unter Zoologen strittig.

Niedlich und höchst ersprießlich zu betrachten ist der Schrubberfink, *Fringilla purgatoria.* Von einer früheren Expedition wurde dieses Tier fälschlich als Moppmeise katalogisiert. Der Schrubberfink ist ein geselliger kleiner Kerl, der in großen Stammesverbänden lebt. Bei den Schrubberfinken wird die Hierarchie nicht durch Tätlichkeiten ermittelt; man kann hier keineswegs von einer Hackordnung sprechen.

Vielmehr handelt es sich um ein Schrubbsystem. Bei den frühjährlichen Ausscheidungsreinlichkeiten schrubben die Finken mit Hilfe ihres struppigen Schwanzes den Waldboden. Wer die längste Schneise der Sauberkeit erzeugt, ist hinfort Häuptling. Anstelle des Imponiergehabes setzen diese säuberlichen Tiere ein veritables Polierverhalten.

In den Feuchtzonen unterhalb des zentralen Hochlandes wird man bisweilen des Klappenmolches ansichtig, auch Tütenolm genannt, *Salamandra valvina clic.* Am hinteren Teil seines Körpers hat der Klappenmolch Hautlappen, die er bei Gefahr aufstellt. Sie bilden dann eine Art Klappe mit dahinter befindlicher Hauttasche oder Tüte. Ehe man sich's versieht, verschwindet der Klappenmolch durch die von ihm selbst gebildete Öffnung, die sich mit einem hörbaren Klikken schließt und danach unauffindbar ist. Diese Technik des spurenlosen In-Sich-Selbst-Verschwindens, im neueren Biojargon auch als Molchverklappung bezeichnet, reicht allerdings ins Metaphysische und bedarf an anderer Stelle einer gesonderten Erörterung.

Kommen wir zum fürchterlichsten der bisher entdeckten Neu-Tiere. Es ist dies *Homo homini lupus,* der Schwulf. Die Eigenarten des Wesens legen die Vermutung nahe, daß ...«

Ungeheuer

»Si está vivo quien te vio,
Toda su historia es mentira,
Pues si no murió, te ignora,
Y si murió no lo afirma.«

[Wenn der lebt, der dich gesehn hat,
dann ist Lüge die Geschichte;
wenn er nicht starb, sah er dich nie,
starb er, kann er nicht berichten.]

Francisco de Quevedo, »El basilisco«

Der einfahrende Zug schnitt das Licht des trüben Februarnachmittags ab und füllte den Raum unter der Bahnsteigbedachung mit Dunkel und beißendem Qualm. Die erste Klasse war leer. In einem Fenster der dritten Klasse fehlte das Glas; die Blenden und Wagenwände wiesen Einschüsse auf. Irgendwo mußten Tiefflieger unterwegs gewesen sein.

Langsam ging Gustav Nieberg den Zug entlang. Er sah den Mann erst, als dieser taumelnd auf dem Bahnsteig stand. Die Spitze der rechten Krücke hatte sich beim Aussteigen mit dem weiten Militärmantel verheddert; der Schaffner setzte eben die Reisetasche des behinderten Passagiers ab und ließ den Ellenbogen los.

Nieberg wich einer Gruppe älterer Frauen aus, die einander ausgiebig begrüßten. Der Mann hatte Fuß gefaßt und dankte dem Schaffner. Er war groß, hielt sich sehr gerade trotz der Krücken. Das linke Bein endete am Knie; über dem linken Auge saß eine schwarze Klappe, zwischen gestutztem rötlichen Bart, weißer Pelzmütze und scharfkantiger Nase. Nun knöpfte er den Mantel zu, der ihm bis auf den rechten Knöchel reichte.

Der Stationsvorsteher pfiff; der Zug setzte sich fauchend in Bewegung. Gustav Nieberg reichte dem Fremden die Hand. Der Händedruck war fest, das Gesicht wie Wachs über fließend erstarrtem Glas. Nicht unangenehm, bis auf das glühende rechte Auge, das Nieberg beunruhigte.

»Sie – du – Sie müssen der Major sein«, sagte er, als der Lärm des Zugs nachließ.

»Nicht mehr. Vetter Gustav?«

Nieberg bückte sich und hob die Tasche auf. »Weiß ich gar nicht so genau. Ich glaub, unsere Großväter waren Vettern, was?«

»Jedenfalls nah genug verwandt, um uns zu duzen. Finde ich. Haben wir ja brieflich auch gemacht.«

Nieberg nickte. »Wollen wir gehen – Walther?«

Die Krücken quietschten leise, als er Gustav durch die unbesetzte Sperre und die leere Bahnhofshalle zum Vorplatz folgte. Dort blieb er stehen und holte tief Luft.

»Ahhh. Also, diese Mischung aus Dampflok, Kleinstadt und Landwirtschaft... Ihr habt hier nicht viel mitgekriegt, oder?«

»Nur das übliche. Ein paar Gefallene. Keine Luftangriffe oder so. Wir liegen zu weit vom Schuß.«

Gustav Nieberg war stehengeblieben. Unter dem grauen Himmel, ohne Dampf und Bahnsteigdach, sah der fremde Vetter noch zerbrechlicher aus. Er mußte Anfang bis Mitte Dreißig sein, aber das Gesicht war uralt. Gustavs Blick rutschte von der Augenklappe ab.

»Wir können ruhig darüber reden«, sagte Walther Nieberg. »Macht mir nichts aus. Nicht mehr. Du brauchst nicht so zu tun, als ob ich noch... ganz wäre.« Er kicherte rauh, schaute zur wilhelminischen Rathausfassade gegenüber, dann zu Boden: Schneematsch auf Kopfsteinpflaster. Eine dunkelblaue Limousine schlich vorüber.

»Da vorn, der Pferdewagen. Schaffst du es?«

Walther Nieberg runzelte die Stirn; eine Krücke rutschte weg. »Wenn du den linken Arm ...«

Gustav stützte und steuerte den Vetter zum flachen offenen Karren, stellte die Reisetasche auf die Ladefläche und half Walther auf den Bock. Er warf die Krücken zur Tasche, ging um den Wagen herum, stieg auf, nahm die Zügel und löste die Bremse.

»So. Auf geht's. Ho, Addi, ho.« Er schnalzte; der schwere Gaul schnaubte und zog an.

Walther Nieberg setzte ein schräges Lächeln auf. »Wie alt ist das Tier?«

»Sieben.«

»Addi ist doch bestimmt eine Abkürzung, wie?«

»Hm.«

»Wovon?«

»Rat mal. Strohdumm, manchmal jähzornig; dabei ist er ein Wallach.«

Walther Nieberg preßte ein Lachen heraus.

»Du siehst aber nicht gut aus.« Gustav blickte wieder nach vorn, auf die Straße und das Pferd.

»Ah, die Reise und der kurze Marsch eben. Ich bin noch nicht wieder in Form.«

»Fieber?«

»Ein bißchen.«

Gustav griff hinter sich. »Da, nimm die Decke. Dein Mantel sieht nicht so dick aus.«

Sie redeten nicht viel. Walther Nieberg betrachtete die letzten streunenden Häuser der Kleinstadt, die Straße, die verschneite Landschaft, von der nicht sicher war, ob sie noch zum Harz oder schon zum Eichsfeld gehörte, und den wippenden Kopf des Gauls. Gustav summte leise vor sich hin. Er wußte, daß sein ferner Vetter – die Eltern hatten sich gelegentlich von Taufen, Hochzeiten und Beerdigungen noch gesehen – Ende '43 als Major der Infanterie im Osten verwundet worden war; daß er Frau und zwei Kinder in Hamburg durch Bomben verloren hatte; daß er sich am Ende der Welt eine Weile verkriechen wollte; bis zum Ende der Welt, wie er geschrieben hatte. Mehr gab es nicht zu wissen.

»Hör mal«, sagte Walther plötzlich, als sie längst die Straße verlassen hatten und über den festen Schnee eines Feldwegs schaukelten.

»Ja?«

Walther blickte auf den halb vereisten Bach, die trüben Kopfweiden, das zu einer Bürste erstarrte Riedfeld. Links vom Weg lag dichter dunkler Wald; jenseits des Bachs stieg eine weiße Viehweide, markiert von Pfosten und Zäunen und durchsetzt von Gesträuchinseln, zu einer waldigen Höhe an.

»Ich möchte etwas klarstellen. Gleich zu Beginn. Ich wußte nicht wohin, da hab ich dir geschrieben. Danke, daß ich kommen kann; aber ich will bei dir nicht der arme Verwandte unterm Dach sein. Ich kann bezahlen.«

Gustav ruckte mit den Zügeln. »Kommt überhaupt nicht in Frage!«

Walthers glühendes Auge kam zurück vom Berghang und bohrte sich in Gustavs Gesicht. »Doch, kommt unbedingt in Frage. Meine Frau hatte eigenes Geld, von ihren Eltern, und mit meinem Sold ist sie sparsam umgegangen – leider. Jedenfalls ist noch was übrig. Außerdem ... das Vaterland zahlt weiter.« Er räusperte sich und klopfte auf den linken Oberschenkel.

»Muß aber wirklich nicht sein.«

»Doch. Das erspart uns die beiden Sorten Peinlichkeit, die mit einem Almosen verbunden sind. Ich werde sowieso Hilfe brauchen, wegen der Krücken; da will ich wenigstens diese kleine Unabhängigkeit hüten.«

Gustav seufzte. »Ist wohl vernünftig, gefällt mir aber nicht.«

Walther Nieberg knurrte und schwieg; mit zusammengekniffenen Augen starrte er zu den Waldhöhen, die weit voraus zusammenflossen und einen Gürtel bildeten, oder ein Bollwerk am Talende. Das Pferd schnaufte Wolken aus, der Karren knirschte. Spätes Nachmittagslicht verwandelte die Eiszapfen an den Pappeln zu Watte. Kurz vor dem Dorf überquerte der Weg den Bach; neben der Steinbrücke glitzerten die von Schnee und Eis bedeckten Reste einer Wassermühle.

Gustav Nieberg verließ nur selten das Dorf, in dem er eine kleine Landwirtschaft und zusammen mit seiner Frau Klara die Schänke betrieb. Mit Anfang Vierzig hatten sie die Hoffnung auf Kinder aufgegeben. Erleichtert und dankbar sah er Klaras rotes, behagliches Gesicht hinter der Scheibe, als er auf dem Platz zwischen Kapelle und Schänke anhielt. Er durfte das Pferd und den Karren versorgen, sie konnte sich um diesen fremden Vetter kümmern. Wahrscheinlich würde er diese Begegnung nie vergessen, die schwankende Gestalt, die kargen Reden, verbunden mit der Fahrt in die verwirrende Stadt, die für Walther ein Kaff war. Hauptsache, er war wieder zurück; alles weitere würde sich finden. Als er Tasche und Krücke von der Ladefläche hob, blickte er zurück. Der Weg verlor sich seitlich zwischen den beruhigenden Steinhäusern; Kapelle, Laden, Schreinerei, Schmiede, Schänke und die anderen Gebäude bildeten einen Kreis, und in dem schweren süßlichen Hauch der Ställe, vermengt mit dem scharfen Ruch aus den Schornsteinen und einer Ahnung von Essen, fühlte er sich geborgen.

Die besseren Zimmer lagen oben, aber Klara brachte den Vetter in einer Stube des Erdgeschosses unter; Krücken und

Treppe vertrugen sich nicht. Die Dorfbewohner nahmen den verwundeten Offizier, den Verwandten ihres Wirts, mit zurückhaltender Sympathie auf. Im Dorf fehlten einige Männer und Söhne; Walther Nieberg kam gewissermaßen als Ersatz. Sie nannten ihn den »Major«, redeten ihn auch so an, um ihm einen Platz im Zusammenhang der Dinge geben zu können.

Ansonsten bekundete man weder großes Interesse noch aufdringliches Mitleid; das verminderte Winterleben ging weiter, und Walther Nieberg fand Ruhe und Muße, um zu Kräften zu kommen und in sich hineinzuhorchen – wie es schien. Die meiste Zeit verbrachte er in seiner Stube, blickte aus dem Fenster auf den Gemüsegarten und die Obstbäume, die bis zum Ufer des Bachs ordentliche Reihen bildeten, auf die Holzbrücke zu den Weiden und Äckern der anderen Talseite; er sprach nicht über den Gegenstand seines Grübelns, las sich durch die geringen Bücherbestände des Hauses und kam abends oft in den Schankraum, wo er sich an Würfel- oder Kartenspielen beteiligte und mäßig trank. Er aß mit Gustav und Klara, die ihm bei bestimmten Verrichtungen half. Von ihr erfuhr Gustav, daß die von Splittern zerfetzte Augenhöhle unter der schwarzen Klappe nicht recht heilen wollte, bisweilen »suppte« und irgendwann einmal ein Glasauge aufnehmen sollte.

Ende März hatte Walther Nieberg sich so weit erholt, daß er sich im Haus fast normal auf seinen Krücken bewegen konnte. Im Schankraum stand ein altes Klavier; der Major entsann sich des Unterrichts, den er einmal genossen hatte, und verbrachte zähe, mißtönende Stunden der Arbeit an seinen kriegssteifen Fingern. Die Frühjahrssonne schien ihn zumindest in dieser Hinsicht aufzutauen; plötzlich entstand Musik, die ihm die fast wortlose Freundschaft des Dorfschreiners eintrug, der Geige spielte. Bald gab es an den

Wochenenden »Tanzabende«, bei denen niemand tanzte, aber viele zuhörten und sich dabei leise unterhielten.

Längere Gespräche führte der Major, soweit Gustav Nieberg überhaupt davon hörte, nur mit dem sogenannten »Pastor«, einem 80jährigen ehemaligen Theologieprofessor, der sich bei Kriegsbeginn aus Göttingen zurückgezogen und samt Bibliothek in ein Gebäude neben der Kapelle vergraben hatte. Er vertrat neuere lutheranische Linien, die den Dorfleuten nicht viel sagten; man nahm ihn für die seltenen Hochzeiten und Taufen sowie die häufigeren Beerdigungen als Dienstleistungseinrichtung hin, und seit er sich daran gewöhnt hatte, daß die Leute, wenn sie denn sonntags die Kapelle betraten, beim ersten Anzeichen einer ernstlichen Predigt aufstanden und gingen, kam der alte Mann mit allen aus. Wenn Gustav bisweilen Gesprächsfetzen hörte, betrafen sie Dinge, die ihn nicht betrafen, weder seine Freunde noch seinen Gleichmut noch seinen Schmerz, den Kreislauf des Wachsens und Welkens, den Anblick vertrauter Dinge und Menschen, den Kummer über das Ende seiner Linie. Walther, der sich als bekennender Atheist bezeichnete, und der Pastor sprachen meist von wesenlosen Gebilden, Wolken der Geschichte: Gottes Reich auf Erden und das der Deutschen im Himmel, Drohungen und Drachen, Burgen und Bücher. Es ging um die Läuterung des Glaubens, den lauteren Unglauben, Zwischenstufen wie »heidnischen Mummenschanz« in der römischen Kirche mit ihren Helden und Heiligen und Engeln, die wie Michael – dem zahllose alte Stätten des Wotankults geheiligt seien – den Aberglauben erst richtig dauerhaft machten, indem sie ihn oberflächlich veränderten und mit neuen Namen belehnten.

Einmal beteiligten sich der Schreiner und ein paar Bauern an dem Gespräch, als es von Rom wieder zu Kultstätten schweifte; der Pastor neigte wie alle alten Männer dazu, seine wenigen Hauptgedanken immer neu zu finden und zu wiederholen. Der Schreiner erwähnte die Kultstätte auf dem östlich des Tals ragenden Gebirgszug – liegende, taumelnde und stehende Steine in einem Eschenhain; natürlich kam dann die Rede auf den Alten vom Berg, der seit Jahrzehnten dort oben als Einsiedler hauste. Gustav, der all die Geschichten und Mutmaßungen kannte, holte aus dem Schuppen Holz für den Kamin, brachte Küchenabfälle hinaus und hörte nur hin und wieder ein paar Wörter oder halbe Sätze. Der Wechsel zwischen der Hitze des Schankraums, in dem das Feuer loderte und der Schreiner seine Pfeife rauchte, und der klammen Frühjahrskälte des Abends tat ihm weh; bei solchem Wetter zog er das linke Bein nach. Klara saß mit Näh- und Stopfarbeiten in der Küche, den Rücken zum Herd; sie lächelte, als er sie ansah, sagte aber nichts. Mit den Gedanken war sie offenbar weit fort.

Der Einsiedler wurde, den Auskünften der verstorbenen Großeltern der heutigen Dorfbewohner zufolge, im Kriegswinter 70/71 erstmals in der Gegend gesehen. Im folgenden Frühjahr kam er ins Dorf, mit einem zweispännigen Lastkarren, darauf einige Habseligkeiten, Decken, Kleider, sehr viel altes, abgelagertes Holz und eine große Kiste, aus der es stank; wie nach einem großen Tier, hieß es. Während der Mann – nicht mehr jung, mit ergrauendem roten Bart, breitschultrig und sehr groß – sich mit einigen Dorfleuten unterhielt, kletterte ein Junge auf den Wagen. Es war der fallsüchtige vierte Sohn des Bauern Schardt, und er machte sich am Deckel der großen Kiste zu schaffen. Der Fremde hörte, wie alle anderen, die dumpfen Knurrlaute aus dem Behälter, drehte sich um, schrie »nein«, lief zum Karren. Aber der Junge hatte den Deckel bereits gelöst, hob ihn an, stieß einen Schrei aus, stürzte vom Wagen. Er starb unter Zuckungen, mit Schaum vor dem Mund. Alles war ein wenig seltsam; man hielt es jedoch für einen unseligen Zufall und sagte, früher oder später wäre der Junge ohnehin »dran gewesen«. Allerdings machte der Vorfall den späteren Alten vom Berg nicht gerade beliebt. Man wunderte sich über die Hast, mit der er den Käfig, wenn es einer war, wieder schloß – mit geschlossenen Augen. Es war, erzählte man, als ob in der Kiste nur Schwärze gewesen sei. Später ließ der Fremde sich oben auf dem Berg nieder, bei der alten Kultstätte. Er fällte einige Bäume, aus denen er sich ein Haus baute. Jemand, der sich einmal auf der Pilzsuche dort oben verirrte, berichtete von einem zweiten Gebäude, einem Schuppen, aus dem es stank; nach der Beschreibung war der Schuppen oder Stall aus dem alten, abgelagerten Holz errichtet, das der Fremde mitgebracht hatte – uraltes, fast steinhartes Wurzelholz, Esche.

»Er muß jetzt an die neunzig sein, wenn nicht älter«, sagte der Schreiner, als Gustav mit der letzten Ladung Brennholz zurückkam. »Sobald der Schnee weg ist, taucht er bestimmt wieder auf.«

»Weiß jemand, woher er ursprünglich gekommen ist?« sagte ein jüngerer Bauer.

»Irgendwo weiter östlich – Thüringen; aus der Gegend von Frankenhausen.«

»Ha«, sagte der Pastor. »Etwa vom Kyffhäuser?«

»Kann sein.« Der Schreiner klopfte mit dem Pfeifenstiel gegen seine Schneidezähne. »Wo Barbarossa sitzt, um irgendwann herauszukommen und das Reich zu retten, was?«

»Da muß er sich aber beeilen«, sagte Gustav, »sonst ist nichts mehr übrig.«

Der Fremde hatte damals Wagen und Pferde einem Bauern des Dorfs verkauft; seither hauste er dort oben und zahlte, wenn er irgend etwas aus dem Dorf holte, mit Münzen – alten Gold- und Silbermünzen. Gustav Nieberg seufzte, als der

Pastor das Stichwort Reich nutzte und wieder auf sein Lieblingsthema kam. Er hinkte in die Küche, um sich eine Flasche Bier zu holen; die anderen waren noch versorgt. Klara packte eben ihre Nähsachen weg und schob den Linseneintopf, den sie für den nächsten Tag vorbereitet hatte, an den Rand des Herds. Sie rieb sich die Augen. Irgendwo weit entfernt mußte wieder eine Bombe zu gut getroffen haben: Es gab keinen Strom, und Näherei bei trübem Kerzenlicht war sehr ermüdend.

»Ich komm gleich nach«, sagte Gustav. »Die sind bald fertig.«

Die anderen waren noch immer beim Reich, irgendeinem. Gustav setzte sich nahe an den Kamin, trank sein Bier und hörte noch ein paar Momente zu.

»... kann das ja angehen, in Übersee, obwohl es bestimmt nicht schön ist für Englands und Frankreichs Gegner dort. Oder im Osten, wo die Russen sich noch ausdehnen können. Aber Mitteleuropa?« Der Pastor hob die Schultern; seine Glatze glänzte im Licht von Kamin und Petroleumlampe. »Das ist wie ein zu enges, zu dicht belegtes Bett. Wenn sich da einer rekelt, fällt jemand anders raus. Und die Schläfer sind alle zu verschieden und passen nicht unter eine Decke.«

Der Schreiner leerte sein Glas und blickte zwischen Pastor und Major hin und her. Er kniff die Augen zusammen. »Also ... Sie meinen, der Traum vom Reich ist von Anfang an ein Albtraum gewesen, aus dem es nur böses Erwachen gibt? Diese furchtbaren Dinge, die der Major aus dem Osten erzählt, was da mit Juden und anderen passiert? Wenn es stimmt... Meinen Sie das? Daß das nicht dreiunddreißig angefangen hat, sondern bei Karl dem Großen?«

»Ich meine, ihr geht jetzt alle schlafen.« Gustav stand auf und griff zum Schürhaken, um die größten Klötze zu trennen.

Das Frühjahr setzte sich durch. Gustav Niebergs Beschwerden nahmen ab, die gewöhnlichen Arbeiten nahmen zu, und am Rande von allem schien Walther Nieberg in einen Zustand der Teilnahmslosigkeit zu versinken. Es begann wohl, als der wuchernde Frühling ihn zu einem Ausflug lockte, der mit einem furchtbaren Sturz endete. Statt sich nun um Übung, Kraft, Genesung zu bemühen, ergab er sich dem Brüten. Stundenlang saß er am Klavier, das sich allerdings mit Hilfe seiner Finger eher selbst spielte und ein finsteres Gemüt offenbarte. Nach den wenigen Worten, die er mit Klara wechselte und die Klara an Gustav weitergeben konnte, schien er sich bisweilen zu bemühen, den Schmerz über den Tod von Frau und Kindern heraufzubeschwören, »um sich zu wecken, oder so ähnlich«. Manchmal dachte er wohl auch an die Kameraden, die in den russischen Weiten für etwas gefallen waren, an das er nicht mehr glaubte. Irgendwann äußerte er Klara gegenüber, als sie sein Auge – das sich stetig verschlimmerte – mit verdünnter Arnikatinktur badete, alles sei vollkommen sinnlos. Der Tod der Familie, die Verstümmelung, das Sterben der Millionen Kameraden, all die namenlose Zerstörung und das Grauen für Führer und Vaterland, für eine Bande von irrsinnigen Massenmördern, und kein Unterschied zwischen diesen und dem Reich.

An irgendeinem Frühlingsabend hatte Klara rote Augen, sprach von Walther als einem »armen Jungen« und sagte, wenn er sich doch nur richtig bewegen könnte... Da sei irgend etwas in ihm, etwas Bohrendes und Brodelndes, das nicht herauskönne; wie unter einer dicken Decke. Wenn er etwas tun könnte, käme es vielleicht heraus, und dann wäre alles besser. Beulen müsse man aufschneiden, damit der Eiter abfließen könne.

Ende April erschien der Alte vom Berg, ein hagerer stummer Greis mit brennenden Augen. Gestikulierend kaufte er im kleinen Laden einige Gebrauchsgegenstände und Konserven. Er zahlte mit Silber. Zwei Wochen später kam er wieder ins Tal, dann eine Woche danach. Beim vierten Besuch schließlich schien er ausreichend aufgetaut, um die ersten Satzbrocken zu sprechen. Zufällig hockte an diesem Tag Walther Nieberg, versunken in dumpfes Brüten, auf der Bank vor der Schänke. Seit der Landbriefträger regelmäßig über die halbwegs gangbaren Wege ins Dorf kam, erhielt der Major Geld, und es war genug; Gustav nahm ohne allzu schlechtes Gewissen die vereinbarten Zahlungen an. Als der Alte vom Berg vorüberging, blickte Walther Nieberg von Münzen hoch, die er in der Hand hielt und seit mehr als einer Stunde stumpf betrachtet hatte. Gustav besserte eben mit Hilfe des Schreiners ein Karrenrad aus – eine Speiche war gebrochen –, vor dem Stalltor, und blickte zufällig hin.

»Na«, sagte der Vetter, plötzlich wach; hinter der schwarzen Augenklappe schien sich etwas zu wölben und zu wogen. »Was ist es – Medusa oder Basilisk?«

Der Schreiner hatte nichts gehört, und Gustav, dem die Wörter nichts sagten, war nicht sicher, sie richtig verstanden zu haben. Anders offenbar der Alte vom Berg, der einen dumpfen Schrei ausstieß, auf den Boden stampfte, sich umdrehte und im Sturmschritt das Dorf verließ. Walther Nieberg kicherte schrill und versank wieder in die Betrachtung seiner Hand und der Münzen.

Später am Tag traf Gustav den Pastor; sie blieben einen Moment auf der Holzbrücke zwischen Dorf und Äckern stehen, und Gustav bat den alten Theologen um eine Erklärung der Wörter, die er »so ähnlich« gehört habe. Von den ausladenden Erläuterungen des alten Mannes begriff er immerhin, daß die Medusa ein schlangenbesetztes Frauenhaupt gewesen sei, so gräßlich, daß jeder, der es sah, sofort erstarrte, und der Basilisk ein mit tödlichem Blick bewehrtes Untier, entstanden in einem unförmigen Hahnenei, das von einer Schlange ausgebrütet wurde. Als Gustav den Kopf schüttelte und derlei für Unsinn erklärte, blickte der Pastor ins Wasser, dann auf die Astknoten des Geländers.

»Ja, schön, aber auch nicht unsinniger oder unbegreiflicher als andere menschliche Erfindungen. Staatstheorien, zum Beispiel, oder die Dreifaltigkeit.«

Abends hörte er von Klara, Walther habe zaghafte Gehversuche auf dem Platz gemacht; dabei habe der Schreiner ihn erstmals außerhalb des Hauses gehen sehen, die Krücken – die noch aus dem Lazarett stammten – für Stümperei erklärt und den Major mit in die Werkstatt genommen, um ihm bessere anzupassen. Walther sei danach einige Zeit richtig munter gewesen.

In den folgenden Tagen und Wochen zwang er sich zu regelmäßigen Gängen, und tatsächlich war es mit den neuen Krücken leichter und beinahe angenehm, wie er Klara sagte.

Der Alte vom Berg ließ sich eine Weile nicht blicken; als er dann wieder ins Dorf kam, fragte er nach dem Krückenmann. Erst nachdem der Schreiner ihm versichert hatte, der Major sei weiter oben im Tal, bewegte der Einsiedler sich ruhiger: Die Augen brannten und huschten wie immer, aber das Zukken der Hände endete.

Walther Nieberg setzte seine Gehversuche mit den neuen Krücken fort und entfernte sich immer weiter vom Dorf. Mit der weißen Pelzkappe, dem weiten Militärmantel und den ruckhaften Bewegungen glich er einer Vogelscheuche, die zwischen den Äckern und unter den Obstbäumen entlanghinkte. Er suchte Heilpflanzen (wie Klara sagte; Gustav wunderte sich über die Pflanzenkenntnisse seines Vetters, hörte aber von ihm direkt nichts) und unterhielt sich bisweilen lange mit alten Bäumen; jedenfalls behaupteten dies ein paar Bauernsöhne. Von einem der »Übungsmärsche«

brachte Walther einen greisen, fast hellgrauen Raben mit, der sich einen Flügel gebrochen hatte. Er nahm das Tier mit in seine Stube und päppelte es allmählich auf. Klara fand ihn umgänglicher und munterer als je zuvor.

Auch in der Schankstube wurde er gesprächiger; vorübergehend. Hin und wieder, wenn man ihn darum bat, berichtete er von der Welt, von den großen Städten, vom Krieg. Einmal hatte er bei einer Parade sogar dem Führer die Hand geschüttelt; als er davon und vom hypnotischen Blick des Braunauers sprach, verzerrte sich sein Gesicht vor Haß.

Die Ereignisse des 20. Juli – das Radio im Schankraum war meistens auf den deutschsprachigen Sender der BBC eingestellt – wühlten das Dorf nicht wenig auf. Gustav schwankte wie die meisten zwischen Hoffnung und Verzweiflung; eigentlich glaubte niemand so recht daran, daß der Tod des Berserkers den Krieg beenden und den Untergang abwenden würde. Der Pastor faßte die Meinungen knapp zusammen: »Diesmal werden sie es gründlich erledigen – anders als anno achtzehn. Das Bett wird neugemacht und neu bezogen, und ob für uns dann noch Platz darin ist...«

Walther Nieberg wirkte in den ersten Stunden fast fröhlich. Erst als klar wurde, daß der Anschlag gescheitert war, zog er sich wieder in sich zurück, aber nicht so tief wie zuvor. Der Alte vom Berg ließ sich lange nicht blicken; man war ein wenig beunruhigt, als man an den Abenden oben in den Bergen einen (oder mehrere) Wölfe heulen hörte.

Anfang August erschien der Einsiedler wieder. Trotz der Sommerhitze trug er den alten weichen weiten Schlapphut und den uralten weiten Mantel. Er wirkte erschöpft; die unsteten Augen rollten durch tiefe Höhlen. Er brachte Goldmünzen mit und ging zum Schreiner, der kurz darauf mit ihm das Dorf verließ. Abends war er wieder da; Gustav hörte nur einen Teil dessen, was er von dem Ausflug erzählte. Anscheinend gab es noch immer die alte große Kiste, in der etwas rumpelte und stank. An einen Baum neben den stehenden Steinen hatte der Alte einen Wolf gebunden, der alles knurrend und mit gebleckten Zähnen beobachtete. Das Wohnhaus des Alten, wenn man es so nennen konnte, war unbeschädigt, aber der Stall sah aus, sagte der Schreiner, als ob ein eingesperrter Elefant ausgebrochen sei. In den Trümmern stand die Kiste. Der Schreiner erzählte, der Alte habe ihn gebeten, den Stall oder Schuppen möglichst schnell möglichst sicher zu machen. »Als ob er ausbruchsicher meint.« Er habe das alte Wurzelholz notdürftig aufgerichtet und mit ein paar Eichenknüppeln verstärkt. Am nächsten Tag werde er nochmals auf den Berg steigen, um die Reparatur zu beenden. Der Alte wolle zwar Esche haben, aber davon gebe es nicht genug abgelagerte Stücke.

Später im Sommer gab Klara den Versuch auf, Walthers Auge weiter zu pflegen. Es sei entsetzlich, sagte sie, so furchtbar, daß sie fast ohnmächtig geworden sei, allein vom Anblick. Nicht zu reden vom Geruch – eine schwärende Wunde, mit heraussickernden Knochen- und Metallsplittern, mit Eiter, mit irgendeinem schwarzen Brand. Aber der Major wolle nicht in die Stadt, zum Arzt.

Das hinderte Walther Nieberg jedoch nicht daran, immer weitere Märsche durchs Tal zu unternehmen, Pflanzen zu sammeln, mit Bäumen zu sprechen. Der hellgraue Rabe, der nie wieder fliegen würde, hockte bei den Gängen auf seiner Schulter, wie ein Schiffbrüchiger auf einem riesigen Wrack, das mit der Dünung schaukelt.

»Plötzlich hat er dann wieder Anflüge von Witz«, sagte der Schreiner an einem Abend, als Walther nicht in der Schänke war. »Kennt ihr *Moby Dick?*«

Der Pastor kannte das Buch; Gustav ließ sich erzählen, daß

es darin um einen weißen Wal ging und einen einbeinigen Kapitän, der das Tier haßte und jagte.

»Der Kapitän, Ahab heißt er, hat einen künstlichen Unterschenkel, aus Walbein. Vor ein paar Tagen war dein Vetter bei mir und hat mich gefragt, ob ich das machen kann – Walknochen polieren, schleifen, schnitzen, so etwas, und ein Polster für den Kniestumpf.«

»Woher will er denn hier Walknochen nehmen?« sagte der Pastor.

»Er hat was von Bekannten in Bremen gemurmelt, Schifffahrt und Walfang und derlei.«

Gustav nickte. »Heute war ein Paket für ihn da; aus Bremen. Ziemlich lang.«

»Das wird es sein. Dann kommt er wohl morgen zu mir, mit dem Ding.« Der Schreiner zündete mit langsamen, knappen Bewegungen seine Pfeife wieder an. »Ich frag mich nur, warum er den Knochen schwarz gestrichen haben will.«

Der letzte Kriegswinter war schlimm. Walthers Zustand verschlechterte sich immer mehr; er wurde zu einem düsteren Schatten über dem Haus, oft sogar über dem Dorf. Es begann an einem Nachmittag im Herbst. Eine Gruppe entflohener Kriegsgefangener machte die Gegend unsicher. Einige von ihnen kamen ins Tal, als der Major einen seiner langen Märsche machte, mit dem Raben auf der Schulter. Gustav war auf einem nahen Feld und hörte erregte Stimmen.

Drei Männer stürzten sich auf den Major, der die Krükken fallenließ, das schwarze Walbein in den Boden bohrte und die Hände zum Kopf hob. Soweit Gustav sehen konnte, riß sein Vetter die Augenklappe herunter. Einer der Angreifer stieß schrille Schreie aus, die nach und nach zu einem

Wimmern erstarben; die beiden anderen wandten die Köpfe ab, hoben ihren winselnden Kameraden auf, der sich auf dem Boden wand, und flohen zurück unter die Bäume am Hang.

Von diesem Tag an stutzte Walther seinen bis dahin gepflegten Bart nicht mehr, ließ die Fingernägel wachsen, vergrub sich immer mehr in seiner Stube. Manchmal hörten sie ihn dumpf mit dem Raben reden. Der Pastor meinte, er habe sich in einen Kokon aus Haß eingesponnen, aus dem er keinen Ausweg mehr finde. Hin und wieder, wenn der Major im Winter versuchte, trotz aller Schwierigkeiten durch Schnee und Matsch zu marschieren, räumte Klara in seiner Abwesenheit das Zimmer auf. Sie sagte, offenbar schneide er sich Finger- und Fußnägel doch manchmal und hebe die Schnipsel in einer Dose auf; sie getraue sich nicht, das Zeug wegzuwerfen. Allem Anschein nach wuchs Walthers seelische und körperliche Labilität in dem Maß, in dem seine Augenhöhle sich verschlimmerte. Wenn er in der Nähe war, roch Gustav die Wunde. Zum Glück war Walther selten in der Nähe. Gustav nahm alles hin – wie der Wechsel der Jahreszeiten gehörte die Sorge für einen kranken und wirren Verwandten zum Unausweichlichen, das ohne Klage ertragen werden wollte.

Endlich ging der Winter zu Ende. Der Schnee im Tal war geschmolzen, wie die Heere und Hoffnungen des Reichs, und Walther Nieberg stapfte wieder über die Wege und Felder. Er hatte das Suchen von Heilpflanzen aufgegeben; dem Schreiner sagte er, der Boden habe keine Tugend. Am Ende des Besuchs bat er ihn um dünnen Leim; er wolle Hornplättchen zusammenkleben. Der Schreiner gab ihm, was er wollte, ohne weitere Fragen zu stellen.

An einem Tag Ende April spülte Regen die letzten Schneereste von den Bergen. Der Major, mit stinkender Augenklappe, wildem Bart und wirrem Blick, wanderte im Regen ums Dorf, mit dem Raben auf der Schulter. Das schwarze Walbein war von Lehm besudelt. Er starrte in den Himmel, murmelte unverständliche Dinge, beobachtete den Berg. Klara wagte sich wieder einmal in sein fürchterliches Zimmer; mittags hörte Gustav von ihr, sein Vetter habe die gesammelten Schnipsel seiner Nägel mit Leim zu einem scheußlichen kleinen Schiffchen verarbeitet; was das denn nun wohl werden solle? Gustav hob nur die Schultern.

Nachmittags hatte sich der letzte Rest von Weiß oben am Hang aufgelöst. Wenig später riß die Wolkendecke auf; der Regen wurde zu einem leichten Nieseln. Über dem Berg entstand ein Regenbogen; aus der Ferne hörte man den Wolf heulen.

Gustav molk seine vier Kühe; er hörte erregte Gespräche, kümmerte sich aber nicht darum. Plötzlich kam der Schreiner in den Stall gelaufen.

»Der Major ist weg – rauf auf den Berg.«

Gustav molk ruhig weiter. »Was will er denn da?«

Der Schreiner reckte die Arme zur Stalldecke. »Ich weiß nicht; bloß, das kann er doch nie schaffen, mit Krücken und dem Bein. Der Schnee ist jetzt weg, aber da ist doch bloß Morast ...«

Gustav seufzte, überlegte; ehe er zu einem Entschluß gelangt war, trat Klara in den Stall. Ihre Augen waren verhangen wie ein Februartag; in den Händen hielt sie Gustavs Jagdgewehr.

»Ihr müßt hinterher«, sagte sie mit flacher, heiserer Stimme. »Und ...« Sie zögerte, blickte zu Boden. Dann schloß sie die Augen. »Er hat dieses schreckliche Schiffchen mitgenommen.«

Gustav Nieberg, der Schreiner und vier Jungbauern machten sich auf. Oben am Hang sahen sie die Gestalt im langen Militärmantel, mit weißer Pelzkappe, in den Wald hinken.

Sie hasteten über die tiefen Wege, bergauf, zwischen die Bäume, immer wortlos. Die Dämmerung hatte bereits begonnen, der Regenbogen war in sich zusammengefallen. Weit voraus hörten sie den Wolf heulen. Sie blieben einen Moment stehen. Jäh brach das Heulen ab, setzte wieder ein, erstarb in einem eisigen Gurgeln. Tiefes dröhnendes Knurren quoll durch die Bäume. Der Boden bebte leicht, und die Geräusche vor ihnen mochten von einem riesigen Wesen stammen, das herumsprang oder mit schweren Dingen warf. Von einem der nächsten Bäume platzte mit einem Knall ein langer Streifen Rinde. Zwei Eichhörnchen und eine Amsel stürzten vor den Männern auf die Walderde – tot und starr.

Gustav spürte, wie seine Nackenhaare sich sträubten; ein frostiger Nagel schrappte sein Rückgrat entlang, auf und ab. Der Schreiner war kreidebleich. Keiner der Männer konnte sich von der Stelle rühren. Gustav machte allerdings auch keinen Versuch.

Dann hörten sie, verzerrt wie durch den Schleier eines ungeheuren Hasses, die Stimme von Walther Nieberg.

»Komm her, du Bestie.« Totenstille. Der Major brüllte: »Nein, sieh mich an. Da. Siehst du das?«

Dann schrie er. Es war ein langer, steigender, gellender Todesschrei, der in einem spitzen Winseln endete. Aber noch etwas anderes schrie dort, und es waren Geräusche, wie keiner der Männer sie je gehört hatte, und die keiner je vergessen oder gar beschreiben konnte.

Plötzlich wehte wieder Wind; er brachte einen ätzenden Geruch von Mord und Brand und Wildheit. Der Schreiner knirschte mit den Zähnen.

»Oh verdammt, verdammt«, murmelte er.

Die Männer konnten sich wieder bewegen; mit entsicherten Gewehren, geduckt, näherten sie sich der alten Kultstätte.

Der Stall aus Eschenwurzeln, vom Schreiner im Vorjahr repariert, schien explodiert zu sein; Splitter lagen überall verstreut. Das Holzhaus des Alten war wie von einer Riesenfaust zertrümmert, wie von einem ungeheuren Gewicht zerdrückt. Die wenigen Steine der Stätte, die noch gestanden hatten, lagen in weitem Umkreis herum, wie von einem zornigen Kind fortgeworfene Bauklötze.

Zuerst stolperten sie über den Wolf. Er lag steif am Fuß einer Eiche, im Sprung und im Heulen mit offenem Maul erstarrt. Nicht weit von ihm, ebenfalls starr, wie viele Stunden nach dem Tod, der hellgraue alte Rabe des Majors.

Endlich fanden sie die Leiche, jenseits der Kultstätte. Zunächst dachten sie, es sei der Alte vom Berg. Erst als sie den Körper umdrehten, der da mit dem weiten uralten Umhang und dem ausladenden Schlapphut des Alten lag, sahen sie, daß es der Major war. Er hatte die Augenklappe in der Hand. Das Gesicht wirkte gelöst, fast glücklich. Die gräßliche Augenhöhle, noch am Morgen eine schwärende, stinkende Wunde, war heil und glatt. Ringsumher war der Boden zertrampelt, als habe dort eine Herde Elefanten getobt. Der stechende, wüste Geruch lag noch über allem, verflüchtigte sich aber schnell.

Die Männer suchten, solange sie noch genug Licht dafür hatten. Vom Alten vom Berg war nichts zu sehen. Es führten aber keinerlei Spuren fort von Lichtung und Kultstätte. Die Krücken von Walther Nieberg waren zersplittert, das schwarze Walbein der Länge nach geborsten. Es fand sich auch später nicht die geringste Spur von seiner weißen Pelzkappe und dem Militärmantel. Diese Dinge blieben ebenso unauffindbar wie das Schiffchen, das er aus seinen Nägeln gebaut hatte.

Die Jungbauern trugen die Leiche in die beginnende Nacht hinein, zum Dorf. Der Körper war sehr schwer für einen abgezehrten Invaliden. Als sie das Dorf erreichten, brannten überall die Lampen, aber niemand war zu sehen.

Sie fanden schließlich die gesamte Bevölkerung im Schankraum zusammengedrängt, vor dem Radio. Es war der 30. April; die BBC wiederholte noch und noch die Meldung vom Tod des Führers.

Walther Nieberg wurde am nächsten Tag auf dem Dorffriedhof begraben. Die Männer, die den Sarg trugen, behaupteten später, er sei plötzlich sehr leicht geworden, aber niemand wollte ihn noch einmal öffnen.

Gleichnis mit mehreren Bekannten

Gloire à qui, n'ayant pasd'idéal sacro-saint,
se borne à ne pas trop emmerder ses voisins!

[Ruhm dem, der kein sakrosanktes Ideal hat
und sich damit begnügt, seine Nächsten
nicht zu sehr zu verarschen!]

Georges Brassens

Ein Abgeordneter, Mitglied des Ausschusses für die Illegale Finanzierung Sinnloser Vorhaben, wollte während der bezahlten Mittagspause kostenlos ein wenig schmutzige Luft schnappen, da er an diesem Tag sonst nichts ergattern konnte. Jedenfalls nicht sehr viel; sein Anteil an den bewilligten Projekten – sozialer, medizinischer, lesbischer, philosophischer, katholischer, progressiver, gewerkschaftlicher und sonstwie märchenhafter Natur – war ungewöhnlich geringfügig im Verhältnis zu seiner Gier, und ebenso schwarz. Schattenlos und unbeschattet schlenderte er vom Regierungsghetto rheinaufwärts. An einem undurchsichtigen Punkt seiner Laufbahn stürzten sich zwei durch ihre Gesichter Maskierte auf ihn, schlugen ihn nieder, zerrten ihn in die Büsche, raubten seinen Teil des Budgets, rissen ihm den Maßanzug sowie Hemd, Krawatte und alles weitere vom Leib, trampelten ein wenig auf ihm herum und machten sich dann von hinnen.

Bald kamen zwei Sozialtherapeuten des Weges. Dank der Befindlichkeiten des Ausschusses waren sie guter Dinge und vertieft in ein Gespräch über die immanenten Imponderabilien kognitiv defizitärer Leistungserbringer im degressivpostindustriellen Strukturgefüge. Als sie die nackte, blutüberströmte Gestalt mit getilgten Gesichtszügen am Wegrand liegen sahen (der Mann stöhnte noch), blieben sie einen Moment stehen.

»Furchtbar«, sagte der Größere. Er schnippte mit den Fingern. »Scheußlich.«

»Ja.« Der Kleinere runzelte die Stirn und holte tief Luft. »Wer auch immer das hier angerichtet hat, braucht dringend Hilfe.«

Der Größere nickte, und mit gemächlicher Eile brachen die beiden auf, Spuren zu suchen.

Wenige Minuten später kam ein Mediziner vorbei, Mitarbeiter einer aufblühenden Transplantationsklinik. Er beugte sich über den Abgeordneten (der Mann stöhnte kaum noch), befühlte ihn hier und da, schüttelte schließlich bedauernd den Kopf und richtete sich wieder auf.

»Hat keinen Zweck«, murmelte er; dabei wischte er sich die Finger mit einem Seidentüchlein und steckte dieses wieder in die Brusttasche seines Jacketts. »Vermutlich innere Verletzungen ... Organe unbrauchbar ... Haut zu dick ... und funktionierende Herzen gibts im Regierungsviertel eh nicht. Na ja.« Er rammte die Hände in die Taschen und wanderte weiter; seine Miene war die eines Rechtschaffenen, dem eben ein gutes Geschäft entgangen ist.

Eine radikale Feministin näherte sich dem Ort. Sie schob, um länger nachdenken zu können, ihr Fahrrad den Radweg entlang. Sie war schlechter Dinge, denn an diesem Vormittag hatte sie zwar gewisse finanzielle Zusagen erhalten, doch war es ihr nicht gelungen, einige ersprießlich verheiratete Frauen zur Scheidung oder wenigstens Trennung von ihren Männern sowie Verstoßung männlicher Nachkommen zu bewegen. Als sie den nackten Körper sah, blieb sie stehen, ließ das Fahrrad fallen und knirschte mit den Zähnen.

»Chauvinistensau«, sagte sie. »Phallokrat. Exhibitionist.

Mieser Macho. Manntier.« Sie beugte sich vor und lauschte, hörte aber nur den Wind in den Weiden und das Blubbern des Rheins. (Der Mann stöhnte nicht mehr.) Da lächelte sie eine Art Lächeln, nahm Anlauf und trat mit Wucht und spitzem Schuh gegen das bloßliegende Gemächt.

Ein Professor der Philosophie joggte zur Buße jeden Mittag am Rheinufer. Er stakste vorüber; auf seinem Sweatshirt prangte der Kopf von Descartes mit dem Motto *Ich denke also spinn ich*. Jäh hielt er darin inne, bückte sich zum Liegenden (der Mann stöhnte erbärmlich), betrachtete ihn wohlwollend und hob den rechten Zeigefinger.

»Der Tod, mein Freund, ist eine einmalige Erfahrung; man sollte ihn bewußt genießen. Schmerzen sind Nervsignale, die ihre Bedeutung verlieren, wann man ihre Wahrnehmung verweigert. So stirb denn, o Fremder, und wisse: Ein deutscher Professor nimmt dich wahr!« Dann schaute er auf seine Rolex, schnalzte mit der Zunge und trabte vorsichtig wieder an, wobei er seinen schmerzenden rechten Knöchel nicht allzu sehr belastete.

Ein Kardinal, detachiert von der Bischofskonferenz, um die Finanzierung eines durch Kirchensteuern bereits ausreichend gesicherten katholischen Vorhabens zu bewirken, lustwandelte am Ufer des Stroms, das Herz leicht, die Seele zum HErrn erhoben, das Brevier in der HAnd. Zufällig sah er den Zerschlagenen dort liegen; er bedachte die frohe Botschaft an alle Mühseligen und Beladenen, entsann sich diverser Zöllner sowie eines Samariters und kniete also erfolgreich ergriffen neben dem Leidenden nieder. (Der Mann stöhnte nur noch schwach.)

»O mein Bruder«, sagte der Kardinal. »Was auch immer dein Glaube sein mag – wir alle sind in der Hand des Einen HErrn. SEin SEgen sei mit deiner Seele.« Er hob die Rechte; da sah er, an einem dünnen Silberkettchen, das Zeichen des Freimaurers am Halse des Geschundenen. Verärgert erhob er sich, klopfte den blutigen Staub von seinem Habit und ging fort. »Ich werde Ihnen eine Ambulanz schicken«, sagte er über die Schulter. »Falls mir hier auf dem Pfad der Nachdenklichkeit eine begegnet.«

Ein Neomarxist kam vorbei. Als er den rotgestriemten Körper sah, ballte er die linke Faust, reckte sie gen Himmel und rief: »Steht auf, Verdammte dieser Erde! Welcher Erde denn auch sonst?«

Aber der Darniederliegende erhob sich nicht. (Der Mann stöhnte endgültig nicht mehr.) Der Passant bückte sich. »Genosse Proletarier!« sagte er eindringlich. Dann sah er den Ring des Burschenschafters am linken kleinen Finger, und als Professorensohn und geförderter Student erkannte er das Zeichen.

»Pah!« murmelte er. »Lakai der Reaktion! Auf dem Bauch solltest du kriechen – wie es sich für dich gehört.« Mit der Spitze seines italienischen Slippers versuchte er den auf dem Rücken Liegenden umzudrehen, entsagte dieser mühsamen Werktätigkeit jedoch bald und ging.

Der Vorsitzende einer kleinen Gewerkschaft, die vollzählig im Sportpark Nord tagte, kam von einem notdürftigen Treffen mit einem Callgirl zurück. Die Dame, früher Aufwandszulage für Aufsichtsräte der Neuen Heimat, verlangte nun richtige Arbeit von denen, die sie beheimatete. Der Gewerkschafter war ermattet und in Eile, da man ihn im Sportpark erwartete; außerdem konnte er sicher sein, daß der Gemarterte nicht seiner Organisation angehörte, die ja vollzählig seiner harrte. Er seufzte daher kurz und schlurfte vorüber.

Ein Republikaner, leicht verspäteter Verfechter der Dolchstoßlegende, die er immer einmal hatte ausprobieren wollen, war im Verlauf einiger Demonstrationen und

Gegendemonstrationen des Vormittags von einem Pazifisten übel zusammengeschlagen worden, hatte diesem aber ein Bajonett entwendet. Als er nun den Rhein entlanghumpelte, mit ruhig festem Tritt, dazu nach einem Schluck aus dem Flachmann die Fahne hoch, sah er den Leib des Abgeordneten, beugte sich interessiert über ihn, hielt das Freimaurerzeichen für irgendwie jüdisch und wollte ihm eben das Bajonett ins Bauchfell bohren, als ihn furchterregende Geräusche zu schleuniger Flucht nötigten. Bei den Klängen handelte es sich um zweierlei Gewimmer: Eine junge Türkin, die mit Klassenkameraden bei McDonald's gesichtet worden war, wurde von ihren strenggläubigen Hütern – Vater und drei Brüder – im Schutz der beginnenden Dämmerung zusammengetreten; und ein von Tierschützern aus einer Zuchtanstalt befreiter Nerz, der eine Weile nahe dem Bundestag (wo derlei nicht auffällt) marodiert hatte, war einem kleinwüchsigen Ministerialbeamten in die Hände gefallen, der ihn einer gründlichen Notzucht unterzog.

Kurz vor Sonnenuntergang kam Rotkäppchen des Weges, den Korb voll erlesener Köstlichkeiten und Spezereien für die Großmutter im Kanzleramt. »Hah«, sprach die Kleine. »Du kannst dich ausziehen und anmalen wie du willst – ich erkenne dich doch!« Damit zog sie das Schnappmesser aus dem Strumpfband, schlitzte dem verstummten Abgeordneten den Bauch auf, füllte ihn mit Rheinkies und verschloß ihr Werk mittels zweier Sicherheitsnadeln.

In der Dämmerung ließen sich ein Geier und eine Hyäne, Maskottchen der Bonner Stadtverwaltung, neben dem Toten nieder und nahmen Anteil.

»Ach, die Menschen sind nicht gut«, sagte die Hyäne undeutlich.

Der Geier bedachte dies eine Weile; dann schluckte er. »Das stimmt«, sagte er. »Aber besser als gar kein Abendbrot.«

Zwei Grenzschutzbeamte auf Patrouille kamen vorbei, verscheuchten die Tiere, riefen über Funk eine Ambulanz und hielten Wache, bis sie kam. Etwa zu diesem Zeitpunkt erreichten die Täter ihre Heimat, den Wahlkreis des weiland Abgeordneten. Er hatte von ihnen und den anderen dort ein Direktmandat erhalten, sich aber trotzdem bei allen wichtigen Abstimmungen nicht nach ihren Wünschen oder denen seines mutmaßlichen Gewissens gerichtet, sondern nach den Kalkulationen seiner Partei. Nun berieten sie, wem sie Brieftasche und Maßanzug, die Insignien von Macht und Würde, zu besseren Händen übergeben sollten. Ihr Anführer hatte zufällig einen guten Listenplatz als Nachrücker.

Mamis Liebling

Diesmal machte Hein einen Punkt gut. In unserem Dreikampf um gute Geschichten führt Hagen natürlich nach Längen; ein Taxifahrer hört und sieht viel, und manchmal erzählen Leute ihm Dinge, die sie nirgendwo loswerden können außer bei einem, den sie nie wiedersehen müssen. Mir erzählt sowieso keiner was; ich könnte es ja schreibend mißbrauchen. Und was Hein in seiner Kneipe hört, ist meistens nicht der Rede wert, da es von Gästen stammt, die meistens nicht des Schweigens wert sind und bei denen man sich bisweilen nicht einmal erinnern kann, sie je vergessen zu haben.

Aber diesmal hatte Hein eine Story. Das Lokal war mäßig besetzt; gerade genug Kundschaft für Heins rhetorische Pausen, aber nicht so viel Arbeit, daß die Geschichte lange Unterbrechungen hätte erleiden müssen. Hagen und ich hockten vor dem Tresen, Hein lehnte am Gläserschrank. Gelegentlich zapfte er Bier oder verschleppte Speisen, die per Aufzug aus der unredlich geführten Küche kamen. Einmal mußte er einen Sektkübel suchen, weil ein Stenz zu seiner Havanna unbedingt französisches Bubbelwasser haben wollte. Was ihn in *Die Fremde* getrieben hatte, war rätselhaft.

Hagen, ein kleiner drahtiger Rheinländer von der giftigen Sorte, war an diesem Tag noch hektischer als sonst. Sein Diesel wartete draußen, aber Hagen verschob den Aufbruch zur nächsten Taxischicht immer wieder um ein Glas Sprudel. Mit mindestens einem Ohr war er auf der Straße; alle paar Minuten murmelte er eine Automarke, oft mit Detailangaben zu Hubraum und Modell, und wetzte hinaus. Wenn er zurückkam, nickte er und kletterte wieder auf den Hocker.

»Was soll das eigentlich werden?« sagte ich, nach dem zehnten oder fünfzehnten Sprint.

»Isch hab en Wett am laufen«, sagte Hagen. »Mit en paar Kumpels. Jeht um en Tausender. Mer wollen uns in nem Kaffe setzen un die Auren verbinden un dann en halbe Stund Autos indentifizieren.«

»Ach so, du übst. Und? Wie stehen deine Chancen?«

Er strich über sein scheußliches Menjoubärtchen. »Och, isch wööd saare, de Schangsen stehn jut. – Pöschscho fünf null vier. Zement mal.« Er glitt vom Hocker, rannte zur Tür, blickte hinaus, nickte und kam zurück.

»Haste sonst nix zu tun?«

»Doch. Fahren.« Hagen berichtete von einer rasanten Taxitour, bei der eine Frau fast verblutet wäre, weil ihr Kind zu eilig in die Welt hinaus wollte und einen zu dicken Kopf hatte. Das brachte uns auf tote Bekannte; es war Winter, beste Leichenzeit, und dauernd starb jemand, der Anlaß zu läßlichem Lästern bot.

Hein räusperte sich und nahm seine saure Pfeife aus dem Gebiß. Mit dem Stiel kratzte er sich durchs halboffene Cordhemd die Brustbehaarung.

»No, also so kalt est es ja nu auch nech. En mejner kalten Hejmat ...« Er grinste und paffte weiter.

Hein ward nach 1945 fern von Keenichsbarch geboren; alles an seiner Ostpreußelei ist falsch, vom Hejmweh bis zum aufgesetzten Akzent. Den er schnell fallenläßt, wenn echte Königsberger in die Nähe kommen.

»Un beinah«, sagte Hagen, »hätt isch och noch ene Unfall jebaut. Diesel jejen Jaguar.«

»Wer hat gewonnen?« Mein Glas war leer; ich wies mit dem Finger hinein, und Hein holte den Muscadet unterm Tresen hervor.

»Keine. Bloß wißter, wer in dem Jaruah jesesse hat?«

»Nej, Mannchen, woher denn?« sagte Hein.

»Ein Tiger«, schlug ich vor. »Dem Tank entronnen.«

Hagen warf mir seinen »Du-bescheuerter-Intellektueller«-Blick zu. »Nein«, sagte er geziert. »Et Valerie.« Dann sprang er zu Boden, knurrte etwas über einen »Zitröhn« und rannte zur Tür.

»Valerie?« Hein schüttelte den Kopf und flitschte mit seinem Hosenträger. »Valerie? Nu na, wieso?«

Valerie ist rothaarig und, wie mir versichert wurde, insgesamt alpin, mit eleganten Massiven, kurvenreichen Paßstrekken und atemberaubenden Schluchten. Ein Beueler Mädchen aus der Nachbarschaft, seit ihrem Abitur (das ist ja heute nichts mehr wert) im Eros-Center auf der anderen Rheinseite tätig.

Hagen kam zurück. »Stimp.«

»Kannste nech mal met dejnem Jerenne ond Jerase schloßmachen? Es est onjemietlich.« Hein bewegte seine zwei Zentner schubbernd hin und her; die gummibeschürzte Wampe ratschte an der Kante des Spülbeckens.

»Hein sagte eben, ›Valerie nu na, wieso‹.«

Hagen blinzelte. »Wieso wieso?«

»Ich nehme an, weil Valerie eigentlich nicht zu denen gehört, die das nötige Geld für einen Jaguar haben.«

Hein schüttelte den Kopf. »Nein. Ech mejne, nejn. Hab ech nech jemejnt, nej. Ech hab jemejnt, wieso es dem Haaren verwondert, daßtie Fallerie sech en ejnem Dschäg beweecht. Weßter denn das nech?«

»Wat solleme wisse?« sagte Hagen. »Tu mir noch en Wasse.«

Hein gehorchte. Als er die Flasche wieder verschraubte, blickte er uns lauernd an. »Nu, also von weejen die Toten, wo sech em Wenter anhäufen. Habt ihr nech jehört, daß dem Erwin Klejnhammer sejne Frau Motter est jestorben?«

»Wat hat dat dann mit dem Valerie ze donn?« sagte Hagen mit grimmem Antlitz. »Willze nit erß die eine Jeschisch verzälle, eh daßte mit de nääxte anfänks?«

»Hänkt sech alles zosammen, hänkt es«, sagte Hein.

Ich wußte nicht, worum es ging. Ich hatte das Gefühl, den Namen schon gehört zu haben, konnte ihn aber nicht richtig einsortieren.

»Dann is Mamis Liebling jetz also ene Waise, wat?« sagte Hagen. »Aber wat hat dat mit dem Valerie ze donn?«

Da erinnerte ich mich. Erwin Kleinhammer ist einer jener neurotischen Linkshänder mit naturwissenschaftlichem Genie; unbrauchbar für den normalen Umgang, blaß, mit strähnigen dunklen Haaren, die ewig ungewaschen aussehen wie die von Anatolij Karpow, sowie mit leicht angemuffter Garderobe. Er arbeitete im Wirtschaftsministerium, hat vermutlich noch immer etwas unangenehm Mönchisches und lebte bis kurz vor diesem Abend nicht weit von Heins Lokal mit seiner Mutter in einem nach Katzen stinkenden Altbau.

»Na ja«, sagte ich. »Die alte Dame war nicht mehr ganz frisch. Da darf einen der Heimgang nicht verwundern.«

»Schon recht, Jongchen. Aber das est es nech.«

»Wat is wat nit?« Hagen setzte sein halbleeres Wasserglas mit einem Ausdruck des Ekels ab. »Tu mir n Stang Kölsch, Hein. Isch fahren hück nimmiehr.«

Hein zapfte. Hagen lauschte einem vorbeifahrenden Wagen, blieb aber hocken. Offenbar hatte er beschlossen, neben dem Taxifahren und Wassertrinken auch das Autoraten aufzugeben, für diesen Abend.

»Es est nech, wejl die alte Dame verblechen est. Nej, das est es nech. Es est was anderes. Est von euch jemals ejner en dem Haus jewesen?«

»Nein, danke. Das stinkt von außen schon so bös nach

Katze; da muß man nicht auch noch reingehen.« Ich schüttelte mich bei dem Gedanken.

»Un isch jlööv, dä Erwin hätt do kinne erinjelosse.«

Ich nickte Hagen zu. »Schätzungsweise wollte er mit Mutter Iokaste allein sein.«

Hein deutete mit dem Pfeifenstiel auf mich, anklagend; dann nahm er die angebrochene Flasche Muscadet aus dem Kühler und füllte mein Glas nach.

»Da. Quatsch nech so viel Buchzeuch. Trenk lieber. – Hat wer von euch en der letzten Zejt dem Erwin jesehn?«

Hagen starrte ins Leere. »Enä. Dat is mindichstens, also allermindichstens en halb Jahr her. Worömm?«

Hein grinste und reichte ihm sein Kölsch. »No, es hat sech einejes verändert. Fallerie fährt Dschäg, ond Erwin est janz ejn neuer Mänsch. Er est doch emmer jewesen ejn weenech, no ja, schmoddelech. Oder nejn, jlebberech est ejn besseres Wort dafier. Nu, aber en de letzte Wochen hab ech ehn paarmal jesehn, ond hat er auf mech da emmer ejnen jewaschenen Ejndrock jemacht.«

Ich spähte durch mein Glas nach einem verzerrten Hein. »Wie macht man einen gewaschenen Eindruck? Und wie ist man glibberig?«

Hagen rülpste zustimmend. »Wie meinze? Haat der sauber Fingernääjel? Duftisch Haar? De wilde Frische vun Limone?«

»So onjefähr. En de letzte drej, vier Wochen est es jewesen, daß er sech so jeändert hat. Ond Fallerie ond ejn paar andere Majden von der Zonft haben sech sälpständech jemacht.« Er beendete einige vorschriftsmäßige 7-Minuten-Pils und watschelte mit seinem Tablett von hinnen.

Hagen sah mich an; ich sah Hagen an.

»Häh?« machte er.

»Tja«, sagte ich. »Abermals tja. Das sieht wie eine längere

Geschichte aus. Also Valerie hat nen Jaguar?« Ich gurgelte mit dem Muscadet. »Meinst du, Hein will auf was Bestimmtes hinaus?«

Hagen lauschte aus der *Fremde* hinaus, murmelte »Commodore zwei-fünf, wat?« und hob die Brauen. »Also, da jlööv isch nix von. De ahl Frau Kleinhammer, die haat Jeld, jo. Dat Haus, dat wor ihr sin. Un von Erwinschen singe Vadder wor och no jett do. Ävve – enä dat.«

»Du meinst also nicht, daß Hein uns erzählen will, Erwin Kleinhammer und die Mädels, Valerie und Co, hätten Mutter Kleinhammer umgebracht, und die Mädels sind jetzt mit ihrem Anteil Freiberufler geworden? Mit Telefon zu Hause statt Kajüte im Eros-Center?«

Hagen schüttelte heftig den Kopf. »Dat hätt isch jehüürt. Weiße, so en Sach, da wööd jede Taxifahre vun Kublenz piß Kölle von nix anders mehr verzälle.« Dann grinste er. »Ich weiß was«, flüsterte er, auf Hochdeutsch und hochvertraulich. »Ich werd ose joode, hm, unsren kuten Hein ein wenik hochnehmen. Denk mal an Seife.«

»Wat für?« sagte ich. »Schmier?«

Hagen zwinkerte nur, denn Hein ging wieder hinterm Tresen vor Anker. Er hakte den rechten Unterarm an den Zapfhähnen fest und sah uns an, mit seiner versonnensten Märchenerzähler-Miene.

»Also, wo war ech? Ach so. Wie daß der Erwin sech verändert hat. Hat sech jewaschen.«

»Irrsinnig aufregend«, sagte ich. »Willst du uns jetzt den ganzen Abend mit den Waschgewohnheiten des Waisenknaben Erwin Kleinhammer ergötzen?«

»Pochsche«, sagte Hagen. Er lief zur Tür und kam leicht verdutzt zurück. »Et Josefinschen. Mim Pochsche. Vallerie mim Jaruah un Josefin mim Pochsche. Wat es los? Sin die all jeck?«

Hein lächelte in mildem Triumph. »Ond Rita, die fährt non ejnen wejßen Märzädes. Ond Elfi ejnen BeEmWe.«

»Die hatte schon immer nen schlechten Geschmack«, sagte ich. »Valerie, Josefine, Elfi und Rita – alle haben neue schicke Autos? Und alles bloß, weil Erwin Kleinhammer sich neuerdings wäscht?«

Hein nickte. »Fast, Jongchen. Fast. Nu stellt sech ejne Fraare: Wozu hat er sech jewaschen?«

»Wichtige Frage, Herr Wirt. Wozu hat er sich gewaschen? Er wird ja doch wieder schmutzig.«

»Hach. Schwejch stell, Mann. En mejner Hejmat, der kalten, da sacht man, wann ejn Knabe sech frejwellech am waschen fänkt, so soll de Motter met dem Schlemmsten rächnen, denn es steckt wohl dann ejn Wejbchen en sejn Koppe.«

»Furchtbar, furchtbar, Marjällchen«, sagte ich. »Vor allem, wo der Knabe in diesem Waschfall Mitte Dreißig ist.«

»Na eben. Ejn jlebberejer Jongmann von femfonddrejßech Jahr. Lebt bej sejner alten Motter. Wäscht sech onjern. Dann, janz aus hejterem Hemmel, fänkt er met dem Jewasche an, ond ...«

»Was und?«

»Ond drej Wochen später est sejne Motter tott.«

Ich schwieg erschüttert. Hagen kicherte schrill.

»Vleisch isse am Jestanksentzuch jestorben. Dat is wie Jiff, un an dat Jiff isse jewöhnt, un wenn se dat Jiff dann esu mir nix und dir och nix nit miehr krit, dann stürv se halt.«

Hein schüttelte den Kopf. »Kejn Jeftentzoch.« Dann quäkte der Speiseaufzug leise, und der Hobbyostpreuße holte eine unersprießliche Portion Leberkäse mit Spiegelei und Kartoffelsalat heraus. Damit entschwand er in den Tiefen des Lokals.

Erstmals wurde mir bewußt, welche absurde Musik er aufgelegt hatte. Beziehungsweise eingeschoben. Eine Kassette, die ich ihm irgendwann einmal geschenkt hatte, als mir seine gewöhnliche Dauerberieselung auf den Keks ging: The Modern Jazz Quartet with Laurindo Almeida. Die Musik perlte über uns hinweg. Beziehungsweise schwappte; zu Heins Lokal und seinem Gerede schien sie mir an dem Tag etwa so gut zu passen wie die Rote Valerie in einen Jaguar. Nein, schlechter.

Hein kam zurück, hängte sich wieder hinter die Zapfhähne und nuckelte an seiner längst erloschenen Pfeife.

»Ehr weßt, daß de alte Frau Klejnhammer zemmlech blend est jewesen. Nejn? Nu, macht nuscht. War se nämlech. Blend. Fast janz. Außerdem sejt ejn paar Jahre noch fast janz jelähmt.«

»Herbes Los. Das erklärt, daß sie nie mehr auf die Straße gekommen ist. Aber wie hat sie sich denn um die Katzen kümmern können, wenn sie kaum was sieht und nicht gehen kann?«

Langsam und betont sagte Hein: »Wälche Katzen etwa, Jongchen?«

Hagen hustete in sein Bier. »Wieso, Hein, wieso wat für Katze? Dat Haus stink doch esu nach die Drißviesche ...«

»Nu ja, es stenkt, das est wahr. Aber Katzen jept es darenn kejne nech. Nech ejne.«

»Wonach stinkt es denn dann? Ich weiß doch, wie Katzen riechen, und das Haus stinkt bis zur anderen Straßenseite nach Katze.« Ich kniff ein Auge zu. »Willst du uns nen Bären aufbinden? Bären riechen aber anders.«

»Nej, weder Bär noch Katz, noch sonst was. Nech mal ejn Joldfesch. Kejn ejnes Tier em janzen Haus.«

Hagen setzte ein ernsthaft betroffenes Gesicht auf. »Dann muß dä janze Stunk davon jekomme sin, dat dä Erwin sisch so unjern wasche tut. Puuh.«

Hein hüstelte und kratzte sich die Tonsur. »Ech jlaub«,

murrte er, »ech moß das anders aufzöjmen. Anders aufzöjmen moß ech das.«

»Zäume schnell, o Wirt«, sagte ich. »Was immer du da zu zäumen gedenkst – der Zossen äpfelt schon.«

Hein rümpfte die Nase. »Kennt ihr die Nelly?«

Hagen nickte. »Dat Nelly? Et Kornelia, vun de Müllers? Klaa doch. Dat ärm Ding.«

Nelly war um die Dreißig, eine harmlose freundliche Schwachsinnige, die lächelnd durchs Viertel wanderte und Selbstgespräche führte. Ihre Familie kümmerte sich um sie, statt sie abzuschieben.

»Ja, Nelly. Weßt ehr, daß Nelly de ejnzeje est, wo Motter ond Sohn Klejnhammer ham em Haus jelassen?«

»Man muß ja auch bekloppt sein, um da freiwillig reinzugehen.«

»Ja. Tja, tja, tja. Nu fänkt de Jeschechte an, schwierech zo werden.«

Hein holte weit aus und berichtete. Hagen und ich lauschten und staunten. Man hatte die alte Frau Kleinhammer gefunden. Genauer: Die schwachsinnige Nelly, die einen Hausschlüssel besaß und für Frau Kleinhammer (mit schriftlichen Anweisungen an die Verkäufer/innen) die Einkäufe erledigte, hatte sie gefunden. Wie gesagt, sagte Hein, man müsse betonen, daß niemand außer Nelly ins Haus durfte. An einem Montag hatte Nelly wie üblich das Haus betreten, um sich sagen zu lassen (bzw. einen Zettel entgegenzunehmen, auf dem stand), was sie einkaufen sollte. Und da hatte sie Frau Kleinhammer tot vorgefunden. Sie war nach Hause gegangen und hatte es ihrer Mutter erzählt, die zunächst nichts glauben wollte, dann aber doch die Polizei anrief. (Hier schob Hein weitläufige Anekdoten ein über Leute, die aus den irrsten Gründen die Polizei angerufen hatten.)

Man fand die alte Frau tatsächlich tot, umgeben von seltsamen Geräten. Mitten in die Durchsuchung des Hauses platzte der Sohn Erwin, den man in seinem Ministerium nicht hatte erreichen können. Er erlitt einen mittleren Zusammenbruch, konnte zunächst wenig und später gar nichts mehr zu den merkwürdigen Apparaten sagen, von denen das Haus nur so wimmelte.

Hein räusperte sich und sah mich hilfesuchend an. »Ond jetzt est der Jonge kata-, kater-, no, wie hejßt es, Jenosse Schreftsteller? Wo man sech nech mehr beweecht ond nechts sacht?«

»Katatonisch? Kataleptisch? Katatholisch? Katalogisiert?«

»Erjendsowas. Jedenfalls hat er sech janz en sech zuröckjezooren. Die Ärzte saaren was wie Schock enfolje Scholdjeföhl, oder so.«

Hein schloß die Augen und dachte nach, offensichtlich mit Wucht.

Hagen klopfte auf den Tresen und hielt sein leeres Glas hoch. »Wigge!«

Hein öffnete die Klüsen wieder. »Was bette?«

»Nu mach schon. Noch n Kölsch. Und dat war doch nit alles, ne? Isch kenn disch doch, du Drißpickel. Dat soll doch en Jeschisch werde.«

»Ja. No. Also, Erwin est en der Klapsmöhle. De Frau Klejnhammer est tott, ond bloß de schwachsenneje Nelly kann Ausksönfte jeben.«

»Do bin ich ävve ens jespannt, wat die für Auskünft jebe sull. Hat se dem Erwin sin Seif ...?«

Hein winkte ab. »Es est alles ejn weenech werr. Also, wo fänkt man bloß an?«

Ich ächzte theatrisch. »Mit dem Anfang, Hein, mit dem Anfang. Ich frag mich aber, ob du weißt, wo hier der Anfang ist.«

»Ebent. No, fangen wer an met dem Jongchen, dem Erwin. Der est jetzt en der Klapsmöhle, ond deshalb hat man, das est de Behörden, hat man sech nach ehm erkondecht. Er est emmer schon technesch bejabt jewesen, est er, hat was stodiert ond dann Platz jenommen an ejnem fejnen Schrejptesch em Menestereom. Ond dahenn est er jeden Morjen jejangen, ond jeden Nachmettach wieder nach Hause, bej sejne Motter. Kejne Fröjnde, kejne Fröjndennen, nech mal ejn Schnäpschen. Emmer nur Menestereom ond Motter.«

Hagen knurrte: »Hundertneunzisch E.« Dann legte er den Kopf schief. »Hat er sisch deswejen nit jewasche?«

»Halt die Klappe, Mann«, sagte ich. »Endlich will Hein zur Sache kommen; da mußt du ihn nicht rausbringen.«

Hagen grinste. »Dat tut misch ävve inserieren, wejen dem Waschen un so.«

Hein zischte: »Wasch dech doch sälpst! – Em Haus von den Klejnhammers hat man jefonden viele Biecher, alles was met Kommpijutern ond harte Ware.«

Hagen blinzelte. »Mit wat?«

»Hardware, meint der Genosse Ostpreuße. Das sind die komplizierten Maschinen, Hagen. Die komplizierten Bänder und Programme sind nicht hart, sondern weich, deshalb heißen die Software. Wie Softeis.«

»Ach esu. Dann verstehen isch ävve nit, wieso dem Hein sin Birn nit als Softwehr jilt.«

»Pah. Also, dem Haus est voll met Kommpijuterbiecher ond met komesche Maschehnen. Da est man natierlech schnäl darauf jekommen, daßte Maschehnen was met de Biecher zo ton ham. Ond no kommt, was Nelly erzählt.« Hein machte eine effekthaschende Pause.

»Mach's nicht so spannend«, sagte ich. »So spannend ist es nämlich gar nicht.«

»Wart's nor ab, Henry Heggens.«

»Higgibaby, heißt dä.« Hagens Bärtchen zuckte.

»Das est ejn anderer. Also, Nelly est als ejnzeje emmer mal em Haus jewesen, wejl se hat ejnjekauft fier de alte Frau Klejnhammer. Ond wenn se est jewesen em Haus, dann hat se manchmal jesehn, wie sech ejn Apparat beweecht. Oder mehrereh. Ond se erzählt welde Jeschechten daröber.«

Ich deutete auf mein leeres Weinglas. »Bitte please, s'il vous plaît, por favor. Also die arme, schwachsinnige Nelly ist in diesem Fall, wenn es einer ist, die einzige Zeugin?«

»So est es.« Er entkorkte eine neue Flasche Muscadet. »Ond se erzählt welde Jeschechten, wie jesacht. Zom Blejsteft sacht se, de Frau Klejnhammer hat emmer jespielt Skat.«

Hagen hob drei Finger und knickte zwei wieder ein. »Allein?«

Hein strahlte. »Nej. Met zwej Maschehnen hat se jesessen aan Tesch ond jespielt. De Maschehnen haben jehabt Hände ond Antennen oder so, ond haben jemescht de Karten ond ausjetejlt.«

Ich zielte mit einer unangezündeten Zigarette auf den Feisten. »Moment mal. Du hast irgendeinen Science-Fiction-Film gesehen und willst uns jetzt an der Nase rumführen.«

»Ech wörd eure Nasen nech mal anfassen, wann ech mößte. Jeschwejje denn frejwellech. Nejn, ech erzähl, was Sache est. Was de Nelly jesacht hat. Se sacht auch, obwohl se nech wejß, was es hejßt, daß de Frau Klejnhammer sech hat beschwert ieber schlächtes Projramm von Maschehnen, wejl bejde nech Revolution spielen kennen.«

»Is auch in de neue Skatrejele nit miehr drin.« Hagen nickte beifällig. »Moderne Roboter. Kennen de neueste Rejel. Jeck.«

»Abermals bitten um Aufschub ich«, sagte ich beinahe schüchtern. »Hein, ich denk, Frau Kleinhammer war so gut wie blind. So schlecht wie blind. Wie kann sie da Karten spielen?«

Der Wirt sah mich lobesvoll an. Ich war ein guter Stichwortlieferant.

»Ja, no kommt es noch decker. Nelly sacht, Frau Klejnhammer hat aufjehabt ejne komesche Mötze met Fiehlern, ond met diese Fiehler hat se können sehn. Karten ond andere Denge; zom Bejspiel hat se auch Nelly damet sehen jekonnt.«

»Eindeutig Science-Fiction. Oder hast du neuerdings irre Träume, Hein? Ißt du vielleicht abends zu viel? Voller Bauch träumt gern von Fühlern. Altes chinesisches Sprichwort.«

»Hach, was ejn Quaatsch! Jongchen, ech well der ejns saaren: Alle Nachbarn send jeworden befraacht, ond ben ech Nachbar? Na also, ben ech nämlech. Ond ben ech jewesen en Wohnong, met Polezej, ond hab ech jesehn Apparate. Ond Nelly, Nelly hat emmer erzählt ond dabej de ejnzelne Apparate jezejcht. Ond ech sach dir auch: Alles, was se jezejcht hat, stemmt – sieht werklech so aus. Fonkzioniert bloß nech mehr.«

»Aha«, sagte Hagen. »Hat et bestimp och nie. Oder da is Seife dran jekomme, wie sisch dä Erwin am Wasche fänk.«

Hein zeigte ihm einen Vogel. »Ja, mejnste denn, ausjerächnet de Nelly kann sech so was Verröcktes ausdenken? Nemmer nech.«

Wir diskutierten diese Frage eine Weile, bei Jazz gegen alle, Kölsch für Hagen und Muscadet für mich. Hein schwor bei allen Stammgästen, ihren sämtlichen Gallensteinen und Schambeinen, daß er alles so gesehen habe wie berichtet; schließlich zeigte er uns sogar ein paar Polaroids, auf denen die seltsamen Geräte zu sehen waren. Er habe sie, sagte er, mit Erlaubnis der Polizei selbst geschossen.

Hagen wischte den Stapel beiseite. »Jut, jut, jut, Jung. Isch jlaub et dir ja.«

»Erfolgreiche Kampagne gegen Skepsis, Herr Wirt. Man sollte dich deshalb zum Ehrenbürger von Kaliningrad machen. Aber jetzt weiter im Text. Was waren das denn noch für Apparate?«

»Tja, seltsame Sachen, zom Tejl. Ond onfejn.«

»Wir werden nicht gleich von deinen Barhockern fallen, wenn's unfein wird.«

»Also, zom Bejspiel ejn mechanischer Arschwesch.« Er nickte bekräftigend, als er unsere ungläubigen Gesichter sah.

»Ene wat?« sagte Hagen. »En Maschin für zum Po-Abputze? Die mööt isch och han.« Er blinzelte wieder. »Imme dat Händewasche, dat hüürt dann op.«

Hein ignorierte ihn. »No, ehr weßt doch, de alte Frau Klejnhammer war nech bloß blend, se war ja auch fast lahm. Da est so was helfrejch, nech? Dann hat es da jejeben, sacht Nelly, ejne Maschehne, was hat der alten Frau Klejnhammer emmer vorjelesen.«

Ich verschluckte mich beinahe. »Vorgelesen? Wie, vorgelesen?«

»Na, aus ejnem Booch, do Trottel.«

»Ein Robot, der ein Buch aufschlägt und daraus vorliest?«

»Jenau. Ond ...«

»Halt. Allmählich wird mir das zu wild. Hör mal, die Skatgeschichte ist schon ziemlich wüst. Bloß – ein Roboter, der lesen und die gelesenen Zeichen in Sprache umsetzen kann – meine Güte, das ist Millionen wert, wenn's so was gibt. Daraus könnte man zum Beispiel auch das Umgekehrte machen – eine Maschine, die nach Diktat schreibt. Danach lecken sich alle Chefs der Welt die Finger.« Ich betrachtete die meinen. »Und alle Schriftsteller sowieso.«

Hein schmatzte. »Ja. Hat es auch jejeben, so was, em Hause Klejnhammer. Ejn Säkrätehr, wie Nelly sacht.«

Wir schwiegen. Hagen sah mich von der Seite an und

seufzte. Ich starrte Hein an. Die Bilder, die er uns gezeigt hatte, wirkten verdammt echt. Die Maschinen sahen wirklich seltsam aus, wie aus einem bizarren Spielberg-Film, und Erwin Kleinhammer war ein komischer Vogel mit technischem Geschick und naturwissenschaftlichem Genie. Trotzdem. Es war unmöglich. Oder? Vielleicht doch? Es wäre ja nicht das erste Mal, daß jemand etwas im stillen Kämmerlein entwickelt, ohne es sofort weiterzugeben.

»Na«, sagte Hein herablassend, »soll ech wejtermachen?«

Hagen grunzte. »Du läß disch ja doch nit hindere.«

»Ja, komm schon«, sagte ich ergeben. »Mach weiter. Was gab's da noch an tollen Geräten? Ich bin in Märchenlaune.«

»No, es jab da ejnen – was hat Nelly jesacht? Ejnen Rubbeler. Ejn Jerät, was hat de Frau Klejnhammer abjeschrobbt, eh, nejn, nech jeschrobbt, jetrocknet, met Handtooch, wann se hatte jebadet. Dann ejnen Bettenmacher ond ejnen vollautomateschen Staubsaurer. Ejnen Koch, wo auch hat jekonnt Kartuffeln schälen ond rote Jrötze auf Chenesisch machen. Ejn klejnes wuselejjes Jerät met Fleejenklatsche. Nelly sacht es est ejn Fleejenpatscher...«

»Ein Fliegenpatscher? Ach du liebe Zeit.«

»Ja. Ond dann ejnen Kröcker...«

»Ene wat?« Hagen stierte Hein verständnislos an.

»Ejnen Karücker. Hat se sech drauf jestötzt, als wie auf Kröcken, ond der Apparat est met ehr jejangen dorch Zemmer, auf Kommando. Ejnen Jescherrspöhler. Ond ejnen Büjelrobot. No, ond wie jesacht ejn Säkrätehr. Der hat auch emmer jemacht de Ejnkaufszättel, ond der spielt noch ejne Rolle, später. Ach, ond ejn Frisehr. Aber das Tollste – ehr weßt doch, das Haus, emmer hat es jestonken nach Katzen. Aber em janzen Haus hat es nech jejeben ejne ejnzeje Katze.«

Hagen hob die Hände über den Kopf. »Ja, ävve wat hat

denn dann jestunke? *Doch* dä Jung, da Erwin, weejen nit wasche?«

»Nejn, viel schöner. Nelly sacht, Frau Klejnhammer hat emmer jeliebt Katzen. Ond wie se est blend ond lahm jeworden ond hat sech nech mehr kennen kimmern om Katzen, da hat se aber emmer noch wälche riechen jewollt. Ond da hat der Jonge ehr als erstes, sacht Nelly, als erstes von alle die Jeräte, ejnen Katzenstenker jebaut. Ejne Maschehne, wo ejnfach nechts anderes toot als riechen wie Katz.«

Ich faßte mir an den Schädel; er schaukelte. »Au weia. Na schön, ich sag nix. Mach weiter.«

»Ja. Ejne Maschehne wo riecht wie Katz. Stenkt, jenauer. Ond was est das denn wohl?«

Hein holte aus einer Schublade weitere Polaroids und legte sie auf den Tresen. Sie zeigten, aus unterschiedlichen Winkeln und Entfernungen, das gleiche Objekt – eine Art Hausaltar mit elektrischen Kerzen. Da, wo bei frommen sowie katholischen Menschen das Marienbildchen oder das Kruzifix angebracht ist, hatte dieser Altar ein Rad.

»Wat es dat dann? Ene Rad-Altar?« sagte Hagen. »Isch wääd verröck. Dä Hillije hät en Rad ab.« Er kicherte.

»Est es aber wohl«, sagte Hein leise. »Ejn Altar. Nelly sacht, se hat dem Erwin schon mal davor knien jesehn, so wie als ob daß er betet.«

Ich hustete mich frei. »Also, mal alles wie Skepsis oder Unmöglichkeit beiseite. Dieser Erwin baut also geheimnisvolle Geräte, die allem, was die Japaner und Amerikaner zu bieten haben, weit überlegen sind und Dinge tun, die bis jetzt kein Gerät kann. Fein. Hier, meine Damen und Herren Stadtrundfahrer, sehen Sie ein Haus, in dem es unbedingt nach Katzen riechen mußte. Alldorten begann die Beueler Mikroelektronische Revolution. Und was erst der Professor für Technische Archäologie sagen wird. Toll, toll, toll. Und der Erfinder, Erwin Kleinhammer, baut sich einen Altar, natürlich mit Elektrokerzen, auf dem er ein Rad anbetet. Symbol für die Technik überhaupt, an sich und als solche, was? Es bleiben aber, abgesehen von den offensichtlichen, noch viele Fragen zu beantworten.« Ich holte mehrmals tief Luft; Hein und Hagen betrachteten mich ohne besonderes Interesse. »Zum Beispiel: Woran ist Frau Kleinhammer gestorben? Warum hat Erwin Kleinhammer so plötzlich angefangen, sich zu waschen? Warum ist er jetzt katalaunisch oder leptosomatisch? Warum, wenn sie überhaupt je funktioniert haben, tun die Maschinen es jetzt nicht mehr?«

Hagen grinste. »Wüßt isch och jern. Un wat dat all mit Vallerie un Rita un die neue Autos zu tun hat. Un vor allem, worömm dä Jung sisch plötzlich am wasche fänk. Womit övehaup? Lapp? Schwamm? Seif? Schelee?«

Was nun folgte, läßt sich nicht in wörtlicher Rede wiedergeben – es dauerte zu lange und war mit allzu irrsinnigen Ausflügen ins Reich der Fantasie garniert. Außerdem mit allem Klatsch von Beuel.

Zusammengefaßt sieht es etwa so aus. Nellys zweifelhaften, aber weder zu verifizierenden noch widerlegbaren Angaben zufolge hatte die Mutter, Frau Kleinhammer, schon lange keine Freude mehr am Leben; sie konnte ja nur noch mit Hilfe der angeblichen Maschinen existieren. Außerdem war sie besorgt über die allzu große, ausschließliche Anhänglichkeit ihres Sohnes. Verschiedentlich hatte sie versucht, ihn auf die Existenz von Mädchen aufmerksam zu machen. Nelly sagte, vor einiger Zeit, und zwar etwa einen Monat vor dem Tod der Mutter, habe Erwin Kleinhammer einmal sehr heftig gesagt: »Gut, also wenn es dich beruhigt und wenn es unbedingt sein muß, geh ich mal ins Eros-Center.« Er war also doch nicht ganz weltfremd. (Mir kamen spätestens an dieser Stelle ernsthafte Zweifel an den Ärzten, die Nelly Schwachsinn bescheinigt hatten.)

»Ond non kommt äs«, sagte Hein. »Er est wohl an ejnem Samstach en Bonn jewesen, em Eros-Center, ond an Valerie jeraten. Sejt vier Wochen vor dem Tod der Motter, so hejßt es em Menestereom, hat er sejne Arbejt nor noch schlächt jemacht. So, als ob er pletzlech nechts mehr von Technek ond Wessenschaft versteht. Ond das hejßt wahrschejnlech, sejt er em Poff war, hat er sech om nechts mehr jekömmert. Oder nechts mehr verstanden.«

Hagen zog die Stirn kraus. »Alter Kadett«, murmelte er. »Wie kann dat dann?«

Ich muß ziemlich bescheuert dreingeblickt haben, denn Hein lachte. »Das hast du dir doch ausgedacht, Hein, oder?«

»Nejn. Ech schwöre. Hab ech nech.«

»Ja, ävve wat soll dat?«

»Das is ne alte Sache, Hagen. Du weißt doch, daß katholische Priester nicht heiraten dürfen. Also, das gibt's auch schon viel früher. Zum Beispiel bei alten Naturvölkern. Der Magier, der Schamane, der Hexer des Stamms hat göttliche Gaben, und die verliert er, wenn er nicht mehr seinem Gott allein gehört. Gilt auch für Frauen, übrigens. In vielen Kulten mußten die Priesterinnen jungfräulich bleiben. In anderen nicht.«

Hagen nickte, eher abwehrend. »Ach, dat han isch nit jewooß. Stimp dat?«

»Alles Quatsch. Hein will uns einreden, der Erwin hätte sich nen Altar gebaut und darauf den Gott der Maschinen oder der Technik oder so ähnlich angebetet. Er war also ne Art Hoher Priester – der Chipskardinal, so was. Dafür, daß Erwin auf die Freuden des Fleisches verzichtet, offenbart ihm der Technikgott Geheimnisse. Und in dem Moment, wo

Erwin in Bonn im Puff war, zieht der Maschinengott sich von ihm zurück, und schlagartig hat Erwin keine Ahnung mehr von Technik. Außer vielleicht von gewissen anderen Techniken.«

Hagen nickte wieder. »Ujujuj. Ävve – worömm hat er dann mit dem Wasche aanjefange?«

Hein fletschte die Zähne. »Do emmer met dejnem Jewasche!«

»Ist doch klar – das hat ihm Spaß gemacht, im Puff, und jetzt wäscht er sich, weil ihm die Mädels gesagt haben: Junge, so nich. Du stinkst.«

Hein klopfte mit der flachen Hand auf den Rand des Spülbeckens. »Ja, jenau«, sagte er mit Nachdruck. »So est es jewesen.«

»Bisse sische? Mit dat Waschen un alles?«

»Jeweßlech doch. De Jeschechte jeht ja noch wejter. Nelly sacht, nach drej, vier Wochen haben lanksam de Maschehnen anjefangen, nech mehr zo fonkzionieren. Ende letzte Woche waren's man nor noch drej oder femf. Dabej war der Säkrätehr, der wo auf Dektat schrejpt. No, ond am Frejtach hat de Frau Klejnhammer, so jot es jeng, ejnen decken Scheck geschrieben ond de Nelly damet nach der Bank jescheckt. Vier Stöck Tausender hat sie holen jesollt. Hat se auch jetan. Wie se no zoröckkommt, sacht se, hat Frau Klejnhammer jrad den lätzten von vier Briefe dektiert. Ond dann hat se zo Nelly jesacht, se soll en jedem Omschlaach ejnen von den Schejnchen schieben ond dann die Briefe bej de Emfenger brengen.«

Er machte seine nächste Theaterpause. Er hätte sie an dieser Stelle auch dann gemacht, wenn nicht neue scheußliche Atzung per Fahrstuhl aus der sogenannten Küche gekommen wäre. Leise summend watschelte er mit dem Tablett davon.

Hagen blickte zur Tür. »Da fährt ene Jaruah eröm«, sagte er halblaut. »Wie wenn er nen Parkplatz am suchen is.«

»Hör doch mal mit deinen Scheißautos auf. Was hältst du von der Geschichte?«

Hagen zuckte mit den Achseln. »Waat ens«, murmelte er. Als Hein mit leeren Gläsern und Tellern zurückkam, deutete Hagen mit seinem versiegenden Kölschglas auf ihn.

»Also Briefschen. Un dann? Is de Erwin nit dajewese?«

Hein rammte die Schmuddelteller in den Speiselift und ließ die Gläser ins Spülbecken fallen. »Nej.« Er zog seine Nase hoch und stellte vier Pils- und zwei Kölschgläser zum Zapfen hin. »Nej, der war noch em Menestereom, wo se nech mehr met ehm send zofrieden jewesen.«

Mir ging ein grelles Licht auf. »Hein, das ist der dickste Köter und Haken an der Geschichte. Ich bin bereit, dir die ganzen Maschinen zu glauben, notfalls sogar den Technikgott und Erwins Magieverlust nach Defloration ...«

»Wonach?« sagte Hagen. »Ach esu. Du Firkel.«

»Aber daß in einem Bonner Ministerium innerhalb von drei oder vier Wochen auffällt, wenn jemand Mist baut – das ist mir dann doch zu unwahrscheinlich.«

Hein bückte sich und holte ächzend eine Flasche mit Maracuja-Saft aus dem Kühlfach. Er hatte den ganzen Abend noch nichts getrunken; und nun dieses klebrige Zeug.

»Wart's ab«, sagte er, gurgelnd. »Jeht noch wejter. Natierlech hat de Krepo das öberjeprööft. Ond se hat de Emfenger jefraacht, was met de Briefe est. Ond weßt ehr, wer de Emfenger send jewesen?«

Hagen lauschte immer noch seinem imaginären Jaguar bei der vermeintlichen Parkplatzsuche. »Enä.«

Hein lächelte satt. »Fallerie, Rita, Elfi ond Josefehnchen.«

Hagen zuckte zusammen. »Wat? Die vier Profis? Un alle auf eimal?«

»Jenau ja. Frau Klejnhammer hat se jebeten, se sollen sech dem Jongchen schnappen ond daran denken, daß se alle mal von ehr, als wie se noch hat laufen jekonnt, ond als de Mädels send klejn jewesen, also da sollen se dran denken, daß se damals alle mal von ehr send jeföttert ond verhauen jeworden. Ond se wörden noch viel mehr Jeld kriejen. Jedenfalls sollten se sech erstmal fier den jewejlejen Tausender das Jongchen schnappen ond das janze Wochenende nech nach Hause lassen, sondern ehm beackern. Oder beharken.«

Ich sang halblaut: »›Er säet und ackert, er ackert und sät, und regt seine Hände von morgens bis spät.‹ So etwa?«

»Janz jenau so. Ond de Mädels ham das jetan.«

Hagen schob sein leeres Glas von sich. »Da hat er sisch winnischstens nit omsunz jewasche.«

»Und? Was ist dann passiert?«

Hein strahlte. »Dann hat sech de alte Frau Klejnhammer, wie se wejß, daß ehr Sohn das janze Wochenend nech werd hejmkommen, da hat se sech von dem Robotkoch, so hejßt das doch wohl, hat se sech ejnen fejnen Tee brauen jelassen, mejnt de Krepo. Ond se hat ehm jesacht, er soll von weejens das Aroma ejn Röhrchen met Schlaftabuletten henejnjeben. Ond dann hat se dem Tee nech janz, aber fast janz ausjetronken.« Hein wog ein Pilsglas in der Hand, hielt es dann unter den Hahn und drehte auf. Es spuckte. Hein würde in den Keller gehen und ein neues Faß anstechen müssen. Immer diese rhetorischen Tricks.

Aber er überraschte mich: Er redete weiter. »Ond wie se dem Tee hat ausjetronken, da est se jestorben. Aber vorher, da hat se noch ejn Testament dektiert. Dem Säkrätehr nämlech. Ond da hat se den Mädels was ausjesetzt. Janz schön viel.«

Ich wollte den Mund öffnen und mich erkundigen, aber in diesem Moment öffnete sich die Tür. Hagen murmelte:

»Jaruah is jepark«, und es trat ein Valerie. Die Rote Valerie. Ihr langes Haar glomm über etwas, das aussah wie ein echter, gesäßlanger Zobel. Valerie nickte uns lächelnd zu, wie man eben flüchtigen Bekannten zulächelt, blickte sich suchend um und steuerte auf einen Tisch zu, an dem der Gigolo mit seinen Al-Capone-Schuhen saß, Montecristo rauchte und Heins echten Moët & Chandon Brut Impérial trank.

Diesmal rutschte ich vom Hocker und ging zur Tür. Gegenüber, halb um eine Laterne gewickelt, stand ein Jaguar. Als ich zurückkam, sagte Hagen, überflüssig: »Mit dem isse jekomme.«

Hein flitschte wieder mit seinem Hosenträger. »Ha. Hab echs nech jesacht? Das est ehr nejer Waaren.«

Ich versuchte mir einzureden, daß ich bestimmt gleich aufwachen würde; ich hielt mich am Weinglas fest und starrte in den Muscadet, aber der gab keine Auskunft. Hein watschelte grinsend ins Lokal, um die Kundin nach Wohl, Ergehen und Wünschen zu fragen.

»Sso«, sagte er, als er wieder hinterm Tresen stand und für Valerie einen dreifachen Chivas ohne Eis eingoß. »Sso. Ond se hat sech sälpständech jemacht. Wie de anderen drej auch. Fier Notfälle bej mejne Jäste hab ech alle vier Kartchen met Nommern. Zom anroofen.«

Ich wußte immer noch nicht, was ich sagen sollte. Ich starrte auf die Polaroids mit den seltsamen Apparaten, die vielleicht ein Genie gebaut hatte. Aber das Genie, wenn es denn stimmte, war nun katatonisch, und niemand würde je erfahren, wie die Geräte funktioniert hatten. Und mit wem Erwin einen Pakt geschlossen haben mochte, zu dessen Einhaltung das Gebet vor dem elektrisch bekerzten Radaltar ebenso gehörte wie Unberührtheit des Leibes.

Neben mir räusperte sich Hagen. Er hatte sein Schlußwort-Gesicht aufgesetzt.

»Harrumph. Wißter, dat is all schön un jut. Ävve, ävve, ävve – es dat nit ene forschbar komplezeete Selpsmord? Un isch weiß noch imme nit, womit sisch dä Jung jewasche hätt.«

Editorische Notiz

»Ein freudiges Ereignis«: zuerst in DER RABE 500, 1987; als Kurzhörspiel 1987 in WDR II. Da auf dieser Welle regelmäßig Verkehrshinweise ausgestrahlt werden, mußte der kurz vor Ende einzublendende Verkehrshinweis deutlich unecht sein. Produzent Alex Neumann, Preis und Lob seien ihm, löste das Problem so: »Zwischendurch ein akuter Verkehrshinweis. Die Fahrbahndecke der E 604 ist momentan zurückgeschlagen. Der ortsfremde Verkehr wird gebeten, die Vergehung zu umfahren.«

Heimkehr: zuerst in DER RABE 23, 1989.

Liebe, Tod und Münstereifel: zuerst als Kurzhörspiel in WDR II, 1985; in DER RABE 13, 1986.

Wanderlust: zuerst in Jörg Weigand (Hg.), *Die Anderen sind wir,* Bastei 1989.

Der Grill als Statussymbol: zuerst in WDR II, 1982.

Nachruf auf Wilhelm Ribbrocker: zuerst in WDR II, 1986; in DER RABE 500, 1987.

Mundwerk: zuerst in DIE RÜBE 2, 1990.

Mamis Liebling: zuerst in G. Haefs, *Das Triumvirat und andere kriminelle Geschichten,* Goldmann 1987. Abdruck mit freundlicher Genehmigung des Goldmann Verlags.

Alle anderen Stücke erscheinen hier erstmals.

SIR ARTHUR CONAN DOYLE
SHERLOCK HOLMES
WERKAUSGABE IN NEUN EINZELBÄNDEN
NACH DEN ERSTAUSGABEN NEU UND
GETREU ÜBERSETZT

EINE STUDIE IN SCHARLACHROT
Romane Bd. I.
Aus dem Englischen von Gisbert Haefs

DAS ZEICHEN DER VIER
Romane Bd. II.
Deutsch von Leslie Giger

DER HUND DER BASKERVILLES
Romane Bd. III.
Deutsch von Gisbert Haefs

DAS TAL DER ANGST
Romane Bd. IV.
Deutsch von Hans Wolf

DIE ABENTEUER DES SHERLOCK HOLMES
Erzählungen Bd. I.
Deutsch von Gisbert Haefs

DIE MEMOIREN DES SHERLOCK HOLMES
Erzählungen Bd. II.
Deutsch von Nikolaus Stingl

DIE RÜCKKEHR DES SHERLOCK HOLMES
Erzählungen Bd. III.
Deutsch von Werner Schmitz

SEINE ABSCHIEDSVORSTELLUNG
Erzählungen Bd. IV.
Deutsch von Leslie Giger

SHERLOCK HOLMES' BUCH DER FÄLLE
Erzählungen Bd. V.
Deutsch von Hans Wolf

sowie

SHERLOCK-HOLMES-HANDBUCH
Conan-Doyle-Chronik. Die Plots aller Stories. Who-is-who in Sherlock Holmes.
Holmes-Illustrationen. Holmes-Verfilmungen. Karten, Fotos etc.
Herausgegeben von Zeus Weinstein.

RUDYARD KIPLINGs WERKE
»ZÜRCHER EDITION« IM HAFFMANS VERLAG
HERAUSGEGEBEN UND ÜBERSETZT VON
GISBERT HAEFS

Die Ausgabe lehnt sich an die von Kipling selbst gestaltete »Uniform Edition« seiner Werke an: gebunden, Fadenheftung, schwarzer Kopfschnitt, rote Elefantenhaut; mit Kiplings Vignette (der elefantenköpfige Ganesha, »Gott des glückhaften Beginnens«, mit Lotosbüschel).
Alle Bände sind originalgetreu, vollständig neu übersetzt und jeweils mit einem Anhang versehen, der neben editorischer Notiz und ausführlichen Anmerkungen die wichtigsten Ergebnisse der Rezeption enthält. Abweichungen von der Zusammenstellung der Originalbände gibt es nur, wo dies sinnvoller Ergänzung oder größerer Vollständigkeit dient – also mehr, nicht weniger.

VIELERLEI SCHLICHE (Many Inventions)
Erzählungen

DAS DSCHUNGELBUCH (The Jungle Book)
Erzählungen und (zweisprachige) Gedichte

DAS ZWEITE DSCHUNGELBUCH
(The Second Jungle Book)
Erzählungen und (zweisprachige) Gedichte

KIM (Kim)
Roman

STALKY & CO. (Stalky & Co.)
Erzählungen und (zweisprachige) Gedichte

KIPLING COMPANION
Essay, Daten über Leben und Werk, Fotos, Zitate über RK, Übersetzungsbeispiele, Ausgaben, Werkliste

Weitere Bände in Vorbereitung

Die drei Müllerssöhne
Märchen und Erzählungen

Franz Kafka verfilmt seinen ›Landarzt‹
Erzählung

Frau Killermann greift ein
Erzählungen und Bagatellen

Helmut Kohl
Biographie einer Jugend

Kleine Trilogie der großen Zerwirrnis
Beim Fressen beim Fernsehen fällt der Vater dem Kartoffel aus dem Maul / Der Neger (Negerl) / Wir standen an offenen Gräbern

Maria Schnee
Eine Idylle

Roßmann, Roßmann...
Drei Kafka-Geschichten

Standardsituationen
Fußballdramen

Sudelblätter
Aufzeichnungen

TV-Zombies
Bilder und Charaktere (zusammen mit F.W. Bernstein)

Wie Max Horkheimer einmal sogar Adorno hereinlegte
Anekdoten über Fußball, Kritische Theorie, Hegel und Schach

Was ist eigentlich der Herr Engholm für einer?
Ausgewählte Satiren und Glossen

Wir standen an offenen Gräbern
120 Nachrufe

Die Wurstzurückgehlasserin
Sieben Erzählungen

WOLFGANG HILDESHEIMER
Der Drachenthron
Komödie in drei Akten

NORBERT JOHANNIMLOH
Appelbaumchaussee
Erzählungen vom Großundstarkwerden

DAN KAVANAGH
Duffy
Krimi. Deutsch von Willi Winkler

Vor die Hunde gehen
Ein Duffy-Krimi. Deutsch von Will Winkler

EGBERT KIMM
Das Mörderquartett
Krimi

HERMANN KINDER
Du mußt nur die Laufrichtung ändern
Erzählungen

Ins Auge
Roman

Kina Kina
Eine Geschichte

Die klassische Sau
Das Handbuch der literarischen Hocherotik. Herausgegeben von Hermann Kinder

Liebe und Tod
25 schöne Geschichten von A bis Z

Der Schleiftrog
Ein Erziehungs-Roman

HANNS KNEIFEL
Das brennende Labyrinth
Science-Fiction-Roman

AXEL MARQUARDT
Sämtliche Werke
Band 1: Die frühe Prosa

Standbein Spielbein
Gedichte

GERHARD MENSCHING
Der Bauch der Schönen Schwarzen
Kriminalroman

E.T.A. Hoffmanns letzte Erzählung
Roman

Die Insel der sprechenden Tiere
Eine Ferienabenteuergeschichte. Mit sprechenden Bildern von Nikolaus Heidelbach

Löwe in Aspik
Ein lustvoller Roman

Rotkäppchen und der Schwan
Drei erotische Humoresken

Die violetten Briefe
Drei kriminelle Novellen

KLAUS MODICK
Moos
Die nachgelassenen Blätter des Botanikers Lukas Ohlburg

WOLF v. NIEBELSCHÜTZ
Auch ich in Arkadien
Respektlose Epistel an die Freunde. Mit einer Nachbemerkung von Ilse v. Niebelschütz und sieben arkadischen Bildern von Irene v. Treskow

Die Kinder der Finsternis
Roman

FLANN O'BRIEN
In Schwimmen-zwei-Vögel oder Sweeny auf den Bäumen
Roman. Vollständig neu übersetzt von Helmut Mennicken und Harry Rowohlt

Trost und Rat
Geschichten und Gedanken. Ausgesucht und übersetzt von Harry Rowohlt

DOROTHY PARKER
Close Harmony oder Die liebe Familie
Stück in drei Akten

Die Geschlechter
New Yorker Geschichten

Eine starke Blondine
New Yorker Geschichten

HANS PLESCHINSKI
Gabi Lenz
Werden und Wollen. Ein Dokument

Der Holzvulkan
Bericht einer Biographie

Nach Ägyppten
Ein moderner Roman

Pest und Moor
Ein Nachtlicht

GERHARD POLT & HANNS CHRISTIAN MÜLLER
Der Bürgermeister von Moskau
Drehbuch mit Fotos

Da schau her
Alle alltäglichen Geschichten. Mit Zeichnungen von Reiner Zimnik und vielen Fotos

Ja mei...
Neue und umfassende alltägliche Geschichten. Mit Zeichnungen von Volker Kriegel und vielen farbigen Fotos

man spricht deutsh
Drehbuch mit Fotos

Wirtshausgespräche
Drei längere Stücke. Mit Zeichnungen von Reiner Zimnik

WALTER E. RICHARTZ
Schöne neue Welt der Tiere
Zweiundfünfzig Tiergeschichten. Mit neunTierbildern vonTatjana Hauptmann

Vom Äußersten
Letzte Erzählungen. Mit einer Grabrede von Hans-Jürgen Fröhlich und einer Erinnerung von Uwe Herms

WERNER RIEGEL
...beladen mit Sendung Dichter und armes Schwein
Herausgegeben von Peter Rühmkorf. Mit Fotos, Dokumenten, Faksimiles

PETER RÜHMKORF
Aus der Fassung
»Mit den Jahren...Selbst III/88«
in allen Zuständen und Vorformen

Kleine Fleckenkunde
Lyrische Klecksographie

Werner Riegel ...beladen mit Sendung Dichter und armes Schwein
Herausgegeben von Peter Rühmkorf. Mit Fotos, Dokumenten, Faksimiles

MICHAEL RUTSCHKY
Was man zum Leben wissen muß
Ein Vademecum. Mit 25 Zeichnungen von F.W. Bernstein

ARNO SCHMIDT
Arno Schmidts Wundertüte
Eine Sammlung fiktiver Briefe

»Bargfelder Ausgabe«
Werkgruppe I: Romane, Erzählungen, Gedichte, Juvenilia in vier Bänden
Werkgruppe II: Dialoge in 3 Bänden

...denn "wallflower" heißt »Goldlack«
Drei Dialoge

Deutsches Elend
13 Erklärungen zur Lage der Nationen

Eberhard Schlotter - Das zweite Programm
Zehn Szenen zu einem Triptychon

»Fiorituren & Pralltriller«
Randbemerkungen

Fouqué und einige seiner Zeitgenossen
Biographischer Versuch

Julia, oder die Gemälde
Scenen aus dem Novecento

Das Leptothe=Herz
16 Erklärungen zur Lage der Literaturen

Zweite Zürcher Kassette
Das essayistische Werk zur deutschen Literatur

UVE SCHMIDT
Die Russen kommen
Roman

KARLA SCHNEIDER
Der Knabenkrautgarten
Erzählungen

MARGIT SCHREINER
Die Rosen des Heiligen Benedikt
Liebesgeschichten

FRITZ SENN
Nichts gegen Joyce
Joyce versus Nothing. Aufsätze 1959-1983

CHRISTOF STÄHLIN
Der Dandy
Monologe und Erzählungen. Mit Handzeichnungen von Dorothee v. Harsdorf

RAINER STEPHAN
Der Bayerisch-Österreichische Krieg 1987
Ein Bericht

AL STRONG
Whisky Weiber Pokerface
Drei wüste wilde Westernstories

ACHIM SZYMANSKI
Halt durch, Steffi!
Ein bewegender Schicksalsroman

HELLA-DORE TIETJEN
...und sie verpfuschten mir mein Leben
Eine Abrechnung

REINHARD UMBACH
Das große Buch der Bauernregeln
Handreichungen zur Zeit. Mit Bildern von Carsten Hildebrandt

JOSEPH v.WESTPHALEN
Moderne Zeiten I & II
Blätter zur Pflege der Urteilskraft

Warum ich Monarchist geworden bin
Zwei Dutzend Entrüstungen

Warum ich Terrorist geworden bin
Ein Pamphlet

Warum ich trotzdem Seitensprünge mache
Fünfundzwanzig neue Entrüstungen

ROR WOLF
Hans Waldmanns Abenteuer
Sämtliche Moritaten von Raoul Tranchirer. Mit Collagen des Verfassers

Raoul Tranchirers Mitteilungen an Ratlose
Ein Ratschläger

UWE WOLFF
Der Ewige Deutsche
Eine Geschichte aus jugendbewegten Zeiten

HANS WOLLSCHLÄGER
Herzgewächse oder Der Fall Adams
Fragmentarische Biographik in unzufälligen Makulaturblättern. Erstes Buch

In diesen geistfernen Zeiten
Konzertante Noten zur Lage der Dichter und Denker für deren Volk

»Tiere sehen dich an« oder Das Potential Mengele
Essay

Von Sternen und Schnuppen
Bei Gelegenheit einiger Bücher. Rezensionen und Zensuren

DIETER E. ZIMMER
Experimente des Lebens
Wilde Kinder, Zwillinge, Kibbuzniks und andere aufschlußreiche Wesen

Redens Arten
Über Trends und Tollheiten im neudeutschen Sprachgebrauch

So kommt der Mensch zur Sprache
Über Spracherwerb, Sprachentstehung, Sprache & Denken